共生
を考える

小山　望・江島尚俊 編著

生田久美子・清水道代・岩本圭子・吉國陽一
長岡智寿子・和　秀俊・武山梅乗・黒田美保
篠原拓也・長谷川洋昭・隅河内司・藤原亮一 共著

建帛社
KENPAKUSHA

序文 「捨我精進」と「共生」

田園調布学園大学 学長
生田　久美子

　田園調布学園大学の建学の精神は「捨我精進」という思想である。この言葉は，田園調布学園大学の母体である調布女学校の初代校長の川村理助による命名であるが，その意味は「我情，我欲，我見といった『我』を慎み，物事を一生懸命に実行する」ことにあり，現在は大学，中・高，幼稚園，こども園を含む調布学園全体に共通する教育理念として掲げられている。

　「捨我精進」という四文字からは，一見「自己犠牲」や「滅私」といった封建的な思想に重なる印象を受けるかもしれない。しかしながら，この思想を文字から受ける表面的な理解を超えて深く読み込んでいくと，「自己犠牲」や「滅私」という前近代的な思想とはまったく異質な，現代の学術における極めてラディカルな思想の先駆としての一面が見えてくる。例えば，現代における共生論をめぐる議論は，近代的な自立論における個別的価値を優先する議論を超えて，他者を視野に入れた関係論的な議論へと姿を変えつつある。現在，認知科学や教育学において注目されている関係論的な教育論は今日広く受け入れられ，また実践に活かされてもいる。

　私はこれまで教育における「知識とは何か」「理解とは何か」という哲学的な問いに基づく研究を進めてきたが，近年，そうした問いに対する新たな共生論的アプローチに関心を向けている。それは，Negative Capability という概念を基盤とするアプローチである。

　Negative Capability という用語は 19 世紀のイギリスの詩人であるジョン・キーツが卓越した詩人の特徴を描写する際に用いた用語であるが，現代においては精神分析や教育学の世界でも注目されている。キーツの次の言葉は印象的である。「詩人というものは個体性【identity】を持たない…詩人は絶えず他の存在の中に入ってそれを充たしているのだ」と個体性【identity】を持たないでいられることを「偉大な仕事を達成する人間」の才能であるという。

では、「個体性【identity】を持たない」とはどういうことか。それは、対象が人間であれ動物であれ現象であれ、対象への共感的な自我を通し想像力を働かせることによって直ちにそして直感的に理解するあり方である。詩人の卓越した特質は、知的・論理的な理解力というよりも、自らの個体性を消滅して他の存在に入り込むことにより可能となる「共感的理解力」を通して獲得される、とキーツは考えるのである。

　教育学者の鈴木忠は Negative Capability を「何ものでもなくいられる力」と解釈した上で、例として、小学校教師の鳥山敏子の「自己を無にして何かになってみる」教育実践は、自意識や自己概念によって把握されている「自分」を超える教育体験であり、Positive Capability という明示化される概念では把握されない Negative Capability の発現の事例として捉えている。

　Negative Capability という概念をめぐって語られる「共感的自我」「共感的理解」などの言説から導き出される、人間の共生的理解の拡張を志向する新たな視点は、すでに「捨我精進」という田園調布学園大学の建学の精神に埋め込まれ暗示されているものである。すなわち、「他者を受け入れる」「差異に開かれる」ための「捨我」をめぐる思考、そしてそれゆえにこそ単なる思考停止に陥ることなく知的営為に邁進する「精進」が可能になるという思想には、現代の学術および実践における「共生」の思想の価値を直感的に先取りした先見性を見出すことができる。

　そこでは、まさしく「共生」と「捨我精進」が交差する場がつくり出されている。「共生社会」の実現に向けた様々な営為を支える「共生社会」の諸理論は、学術研究のみならず社会の変容を牽引する上で必須の学問としてさらなる発展が期待されることは疑いない。

　本書が、「捨我精進」という建学の精神を教育的基盤として教育活動に邁進している田園調布学園大学の教育・研究者たちの手によって出版されることは、なにより、「共生社会」の実現に向けてより一層強いメッセージを発信することになると確信している。

＊本稿は、生田久美子：学術から読み解く「建学の精神」. 三田評論, 2020；1249；4-5. の論考に基づいている。

まえがき

　本書は田園調布学園大学（以下，本学）有志による共生社会研究会のメンバーで執筆したものである。社会福祉学科，共生社会学科，子ども教育学科，心理学科を超えて全学的な研究会を昨年5月に立ち上げた。「共生」というキーワードで，各教員のそれぞれの専門分野での実践研究を執筆してもらった。

　本書を通して，共生社会の実現に向けた多様な視点や課題，そして可能性について理解を深めていただければと思う。共生社会とは，違いを認め合い，互いに支え合いながら，誰もが生き生きと暮らせる社会を指す。ただし，その実現は決して容易ではない。高齢化，少子化，グローバル化といった社会構造の変化，そして，貧困，差別，環境問題など，私たちの前には多くの課題が立ちはだかっている。本書において様々なテーマが所収されていることからも，それは容易に想像できるであろう。

　とはいえ，困難な道だからといってその歩みを止めるわけにはいかない。一人ひとりが「自分は何ができるのか」を問い，積極的に行動していくことが重要である。本学の理念である「捨我精進」は，まさにこの精神を体現しているといえよう。「我」にとらわれず，他者のために尽くし，社会に貢献していく。そのために，日々努力を積み重ね，自ら成長していく。共生社会の実現は，この「捨我精進」の精神に基づいた，たゆまぬ努力によってこそ達成されるものと考えている。本書が，共生社会について考えるきっかけとなり，読者の皆様の未来への一歩を後押しするものとなることを願っている。

　生田学長には序文をお願いしたところ，ご快諾いただき，多忙を極める時間の中で，「捨我精進」と共生について含蓄のある貴重な原稿を執筆いただいた。この場を借りて厚く御礼申し上げたい。

　全学的な研究会で自分の研究を発表し，相互に意見を交換する場面は新鮮で楽しく，研究魂にエネルギーを与えてくれた。また，執筆された先生方の力が結集しなければ，本書は陽の目を見ることもなかった。本書の編集は小山と江島が担当したが，研究会の牽引役として，和秀俊教授，藤原亮一教授にも多大

なご尽力をいただいた。この場を借りて感謝申し上げたい。

　また，本書は本学の出版助成にあずかった。学長を始め副学長，関係者の皆様に御礼申し上げたい。

　最後に建帛社編集部の根津様には企画の段階から刊行に至るまで丁寧に相談にのっていただき感謝の意を表したい。

2025 年 2 月

編著者　小山　　望

江島　尚俊

もくじ

序文 ……………………………………………………………………………………… i

第1章　インクルーシブ教育の現状と課題
―インクルーシブ教育実践校を訪問して― ……………………… 1

1 わが国のインクルーシブ教育の現状 ……………………………… 1

　1　インクルーシブ教育とは　1

　2　国連障害者の権利委員会から勧告を受ける　2

2 海外のインクルーシブ教育の現状 ………………………………… 2

　1　イタリアのインクルーシブ教育　3

　2　フィンランドのインクルーシブ教育　3

3 インクルーシブ教育実践校の訪問から …………………………… 4

　1　神奈川県インクルーシブ教育実践推進校―神奈川県立A高校―　4

　2　大阪府豊中市立南桜塚小学校　5

4 日本でインクルーシブ教育が進まない理由 ……………………… 8

5 インクルーシブ教育実践のために必要なこと …………………… 10

第2章　つながりや関わりの中で生きるホリスティックな保育
―共生社会の実現に向けて― …………………………………… 12

1 ホリスティック教育への希求 …………………………………… 12

　1　現代的課題とホリスティックな教育，保育　12

　2　共生社会の実現とホリスティック教育の概念　13

2 レイチェル・カーソンの思想の再評価とホリスティックな保育 ……… 15

　1　近代科学への問いかけ　15

　2　〈センス・オブ・ワンダー〉とホリスティック　15

3 幼児教育の歴史的展開にみるホリスティックな保育 ························ 19

　1 遊戯的学習におけるホリスティックな保育　　19

4 ホリスティックな保育を実現するために ································· 23

第3章　医療的ケア児との共生について考える
　　　　　—保育所での実践を通して— ································· 25

1 保育所等での医療的ケア児の受け入れにあたって ················· 25

　1 医療的ケア児と医療的ケア児支援法　　25

　2 保育所等で実施できる医療的ケアの概要　　25

2 医療的ケア児の保育所での生活 ································· 27

　1 個別支援計画　　27

　2 一日の流れ　　28

　3 Ｉくん，Ａくんの保育実施にあたっての留意事項　　31

3 医療的ケア児と一緒の保育実践 ································· 31

　1 Ｉくんのケース　　31

　2 Ａくんのケース　　34

　3 受け入れにあたっての取り組みとその課題　　37

第4章　インクルーシブな教育実践のための子ども理解
　　　　　—津守真の思想に着目して— ································· 40

1 社会変革を含む理念としてのインクルージョン ················· 40

2 社会モデルの視点と日本の教育におけるその欠如 ················· 42

3 津守真の子ども理解の思想と実践 ································· 44

　1 理解することは変化することである　　44

　2 理解の主観性と妥当性の両立　　46

　3 津守の子ども理解の事例—最後を破損する—　　49

4 おわりに—インクルーシブな教育実践に向けた示唆と課題— ·········· 50

vii

第5章 共生社会を担う社会教育活動の役割と課題
―成人期の学習活動の事例から― ………………………………… 54
1 概念としての「社会教育」をめぐって―日本社会との違いから― ………… 54
2 おとなが学ぶということ ……………………………………………… 56
   1 子どもを対象とする学校教育との比較から　56
   2 成人教育学（アンドラゴジー）とは―成人の特性を活かした学習援助へ―　57

3 成人期の学習活動を考える―日本と開発途上国の「実践」から― ………… 60
   1 日本の事例―神奈川県下の夜間中学をめぐる動向から―　61
   2 開発途上国の事例―ネパールにおける識字教育―　64

4 共生社会の創造に向けた社会教育活動の課題 ……………………… 66

第6章 インクルーシブ・カレッジの実現に向けて
―自然を通したプログラムの可能性― ……………………………… 69
1 共生社会の実現に向けた大学への期待 ……………………………… 69
   1 共生社会とは　69
   2 大学の社会貢献　70
   3 インクルーシブ教育　71
   4 共生社会の実現における大学の可能性
     ―インクルーシブ・カレッジに向けて―　73

2 共生社会の実現における自然を通したプログラムの可能性 ……………… 75
   1 人類の共通善としての環境保全　75
   2 環境保全とは　76
   3 環境福祉の必要性　77

3 自然を通したプログラムによる大学を拠点とした共生の可能性 ……………… 80

コラム　園芸福祉と共生社会 ……………………………………………… 83

viii

第7章　震災後の福島で考えた共生 ··· 86

1 福島大学子どものメンタルヘルス支援事業推進室の活動 ················ 87

2 ペアレント・プログラムの活動 ··· 90

　　1 福島県でのペアレント・プログラム　90

　　2 ペアレント・プログラムの概要　91

　　3 ペアレント・プログラムの意義　94

3 トラウマケアの研修と避難の聞き取り ······································ 95

4 まとめ―公認心理師の視点から考える地域での共生― ················· 96

第8章　袖振り合うも多生の縁
　　　　 ―東日本大震災後の福島県いわき市から考える― ··············· 99

1 福島県浜通り地方といわき市の社会構造 ·································· 99

2 いわき市の文化 ··· 102

3 市民の共生問題 ··· 103

4 震災の語りにくさ ··· 106

5 消極的な共生とその課題 ·· 108

第9章　犯罪を犯した人との「共生」は可能なのか ··················· 111

1 現在の犯罪の状況と再犯者率 ··· 112

　　1 減少傾向が続くわが国の犯罪の状況　112

　　2 犯罪を繰り返してしまう人の割合は高止まりしている　114

2 罪を犯した人のその後の困難と更生保護ボランティア ················ 117

　　1 彼らが住む場所も，同じこの社会であるということ　117

　　2 地域社会で彼らに伴走する人々―保護司を中心に―　118

3 忘れてはいけない犯罪被害者の存在 ······································· 121

　　1 被害には息の長い支援が必要　121

　　2 誰しもが犯罪被害者になる可能性があるということ　121

4 まとめ―罪を犯した人を「排除」することはそもそも可能なのか― ········ 122

第 10 章　共生社会とソーシャルワーク

　　　　─共生社会を地域で創るコミュニティソーシャルワークの展開─ … 125

1　共生社会の姿 ………………………………………………………… 125

2　ソーシャルワーク専門職のグローバル定義 ……………………… 125

3　共生社会につながる福祉パラダイム ……………………………… 127

4　障がい者を支える理念を踏まえた共生社会の原理 ……………… 128

　　1　ノーマライゼーションに含まれる 2 つの要素　128

　　2　ノーマライゼーションの理念を踏まえた共生社会の原理　129

5　共生社会を地域で創るために ……………………………………… 131

　　1　地域共生社会政策の流れ　131

　　2　コミュニティソーシャルワークとは　132

　　3　コミュニティソーシャルワークの実践　133

第 11 章　民生委員のエスノグラフィ─地域で共に生きる─ ……… 139

1　はじめに─民生委員当事者として─ ……………………………… 139

2　民生委員になるまで ………………………………………………… 140

　　1　お隣さんは民生委員でした　140

　　2　民生委員に推薦される　140

　　3　民生委員の調査から　142

3　活動のスタートライン ……………………………………………… 143

　　1　必要な品々を得る　143

　　2　活動の内容　146

4　おわりに─民生委員の姿を紹介して─ ………………………… 148

第 12 章　共生社会の光と影 ……………………………………………… 151

1　共生社会の可能性と課題とは ……………………………………… 151

2　共生社会の光─共存から共栄へ─ ……………………………… 152

　　1　多文化共生による地域活性化　153

　　2　障がい者雇用による企業の成長　154

　　3　高齢者の社会参加による地域福祉の向上　155

4 LGBT＋inclusiveness と経済発展　155

3 共生社会の影―潜在するリスクと課題―────────────────156
1 文化摩擦　157
2 雇用平等における影　158
3 世代間対立　159
4 ヘイトスピーチと差別　160

4 結論―共生社会の未来に向けて―───────────────161

付録：サラマンカ声明────────────────────────165
索引─────────────────────────────168

第1章

インクルーシブ教育の現状と課題
―インクルーシブ教育実践校を訪問して―

小山　望

　筆者は幼稚園・保育所等でのインクルーシブ保育，つまりは幼児期における
インクルーシブ教育の研究実践を長年重ねてきた[1),2),3)]。多様な子どもたちの
保育ニーズに応えるために個々の子どもの自主性を尊重した遊び，コーナー活
動のような様々な遊びの提供，子どもの興味に応じた保育プログラムの工夫，
保育者の柔軟な対応，異年齢クラス，そして一人ひとりが大切にされる保育と
同時に子ども同士のつながりや支え合いをつくることがインクルーシブ保育の
特徴であり，インクルーシブ保育を実践していくために保育に求められること
である。多様な子どもたちが参加できる多様な保育プログラムに変革していく
姿勢がインクルーシブ保育の実践といえる。

　インクルーシブ教育の実践を考える上で，インクルーシブ保育から学ぶこと
は多い。本章では，これら研究実践を踏まえて，インクルーシブ教育を紐解い
てみたい。

1 ┃ わが国のインクルーシブ教育の現状

1 インクルーシブ教育とは

　野口[4)]は，ユネスコ（国際連合教育科学文化機関；UNESCO）のインクルー
シブ教育の定義を引用しながら，インクルーシブ教育とは多様な子どもたちが
いることを前提として，その多様な子どもたちの教育を受ける権利を地域の学
校で保障するために教育システムそのものを改革していくプロセスであると
し，また，障がいがある，性的マイノリティである，外国にルーツがある，ヤ
ングケアラーの子どもたちなどがいることを前提にしてすべての子どもの教育
の保障を目指すものであるとしている。ただ，様々な子どもがいるだけ（統合
教育）ではインクルーシブな学校とはいえない。

第61回国連総会（2006年）で，「障害者の権利に関する条約（障害者権利条約）」が採択され，第24条には障がいのある子どもとない子どもが共に学び，障がいのある子どもに必要な合理的配慮が提供されるインクルーシブ教育システム構築の必要性が記載されている。日本は2014年にこの条約に批准しているが，障がいのある児童が通常学級で学ぶ権利が保障されておらず，障がいのある児童と保護者の希望とは別に，特別支援教育を受けるという教育指導が全国各地で行われている。

2 国連障害者の権利委員会から勧告を受ける

このような現状の中，日本は2022年8月にスイス・ジュネーブで行われた国連障害者の権利委員会による取り組みの審査を受けた。審査の結果，9月9日に国連障害者の権利委員会から日本政府に対して「インクルーシブ教育の権利を保障すべきで，分離された特別な教育を廃止すること，障がいのある子どもとない子どもが共に学ぶインクルーシブ教育の確立のためにすべての子どもが個別支援を受けられるように計画を立てるなどの対応の必要性がある」という勧告がなされた。これを受けた当時の永岡文部科学大臣は「特別支援教育の中止は考えていない」と述べて，「特別支援と普通の学校の選択は，本人と保護者の意思を最大限尊重している」と説明し，「特別支援教育は中止せず，インクルーシブ教育を進める」としている。欧米など世界各国が積極的にインクルーシブ教育を進める中で，日本政府の姿勢は，障がいのある子どもが通常学級で学ぶ権利を奪っており，インクルーシブ教育の普及を阻害している。誰もが相互に個性を尊重される共生社会の実現には，幼児期から大学までのインクルーシブ教育の推進や広がりが求められている。障がいのある子どもとない子どもが共に学ぶ学校こそ，多様性に寛容な社会をつくる子どもたちの人格形成の場として不可欠な場であるべきである[2]。

2 海外のインクルーシブ教育の現状

インクルーシブ教育において海外で先進的な取り組みをしているイタリアとフィンランドを紹介したい。

1 イタリアのインクルーシブ教育

　イタリアは 1970 年代に障がい児のための学校（特別支援学校）を廃止して，通常の学校に通学する教育改革を行った。1992 年の法律 104 号は「①ハンディキャップのある者の人間としての尊厳，自由と自立の尊重を保障し，家庭，学校，職場および社会生活への完全な統合を推進する，②人間としての当然な発達，最大限の自立性への到達および集団社会へのハンディキャップのある者の参加を阻害する無効な状況を予防かつ除去する」という内容が記載され，幼稚園，初等学校，前期中等学校，後期中等学校，大学まで，障がいのある者が一般の学校で教育・指導を受ける権利があるとされ，フルインクルーシブ教育が行われている。小学校・中学校では 1 クラスの在籍児童数は 25 人と規定されているが，障がいのある子どもが在籍している場合はクラスの在籍児童は 20 人と規定され，かつ特別支援教育の研修を受けた支援員が配置される。

2 フィンランドのインクルーシブ教育

　フィンランドは，PISA 調査（OECD〔経済協力開発機構〕生徒の学習到達度調査）においても優れた結果であり，世界から注目されている。過去にはOECD 諸国の中で首位を示したこともある。学校間格差が少なく，質の高い教育が全国的に実施されている。小曽・昃永はこのような教育の特徴は，インクルージョンを原則とした特別支援教育に裏打ちされたものであると指摘している[5]。2010 年に障がい児教育法が基礎教育法に一本化され，特別支援学級・特別支援学校に所属する児童生徒が，その障がい種や程度に応じて，可能な範囲で通常の学級に参加できる制度となっている。

　通常学級では General Support（一般支援），Intensified Support（強化支援），Special Support（特別支援）の三段階の階層的支援が，導入されている（図 1-1）。一般支援はすべての子どもが対象で学習ニーズが生じると補充指導が行われ，パートタイムの特別支援教育員がクラスに入って担任とともに協働教授を行う。強化支援では，一般支援が十分でないときは，教育的評価のあとに，学習計画の作成が求められ，より強化された継続的な支援が提供される。強化支援が十分でなかった場合には，学級での支援に加えて，教員が役

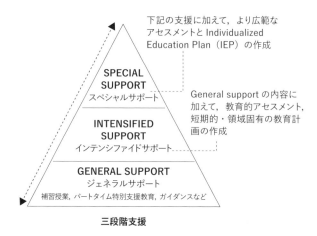

図 1-1　フィンランドのインクルーシブ保育

出典）小曽湧司，是永かな子：フィンランド・ユバスキュラ市における特別な教育的ニーズに応じる段階的支援の実際．発達障害支援システム学研究，2017；16：9-15．

割を交替しながら，共同で授業案を作成し，個別の抽出指導による支援，小集団での指導，特別学級での指導などが提供され，個別教育計画が必要である。この特別支援の対象者は，全児童の 7.5％を占めている[5]。

　フィンランドでは障がいがある子どもたちを特別な教育をする学校で学ばせるのではなく，通常学級で学びながら，教育支援のサポートを三段階にし，特別支援教育を実施しながらインクルーシブな教育も目指しているのが特徴である。

3　インクルーシブ教育実践校の訪問から

　インクルーシブ教育を実践しているわが国の現状はどうであろうか。筆者は，まだ全国的には珍しいインクルーシブ教育を実践している実践校を訪問した。

1　神奈川県インクルーシブ教育実践推進校―神奈川県立 A 高校―

　「インクルーシブ教育実践推進校」とは，誰もが大切にされ，いきいきと暮

らせる「共生社会」を目指して，知的障がいのある生徒が高校で学ぶ機会を広げながら，みんなで一緒に過ごす中で，お互いのことをわかり合って成長していくことを目標にしている高校である。

2016年度から始まった神奈川県立高校改革において，知的障がいのある生徒が高校教育を受ける機会を拡大するため始まった取り組みの一環で，実践推進校の数は2024年度の時点で18校にのぼる[6]。

その中から1校，県立A高校を訪問した。

授業見学は英語の授業であった。習熟度別に3クラスがあり，当該の生徒には，支援担当教員がついてサポートしている。

A高校には，教育相談コーディネーターが配置され，特別支援教育ニーズのある生徒には個別支援計画を作成して，丁寧に対応している。またクラス担任とチーム・ティーチングしながら教育を行っている。

A高校の卒業生で，筆者の教える田園調布学園大学の学生に話を聞くと，誰でもわかりやすい案内板の設置や，様々な連絡事項をホワイトボードで見やすくするなど，日々の教育の現場に細かい配慮がなされていることは，教育環境としてよかったことであるという。学んでよかった点としては「特性がある子が当たり前な環境」「どの生徒も優しいこと」「特性がある子を特別扱いしないこと」をあげた。一方，よくなかった点として「受け入れているのは知的障がいだけで身体障がいは受け入れていないので，本当の意味でインクルーシブ教育かなと思った」と述べた。このほかにもインクルーシブ教育の授業がないことなどをあげたほか，「インクルーシブ教育に（十分）理解がない先生もいた」と問題点を述べた。

インクルーシブ教育について話し合う機会や学ぶ機会がなかったので，できれば，インクルーシブ教育の意義や目的などについて，生徒全員が理解を深める機会があればよかったということであった。

2 大阪府豊中市立南桜塚小学校

2024年9月に大阪府豊中市立南桜塚小学校（図1-2）を訪問した。南桜塚小学校は，インクルーシブ教育を実践している学校として，マスコミ報道で全国的に注目されている学校である。障がいのある児童，ない児童を分けること

図1-2 大阪府豊中市立南桜塚小学校

(筆者撮影)

なく一緒に通常学級で共に学ぶ教育を実践している。豊中市教育委員会では、1978年に「豊中市障害児教育基本方針」が制定され、それに基づき、障がいのある子どもと健常児が一緒に学べるように「通常学級保障」[7]という制度があり、子どもの学びを通常学級で保障していこうという方向性を示し、その取り組みを維持してきた歴史がある。「通常学級保障」は、障がいがあるなしにかかわらず、どの児童も通常学級で学ぶという、原学級保障思想による。豊中市の学校では同和教育、部落差別問題が背景にあり、どの児童も差別しない教育内容や教育方法の工夫が普及している。

橋本直樹校長によると、南桜塚小学校では、通常学級が1年から6年まで計23クラス、特別支援学級が9クラスある。障がいがある児童はすべて通常学級に在籍し、共に学んでいる。つまり、実際には特別支援学級という教室で学ぶ児童はいないということだ。橋本直樹校長によると、「すべての教職員は、すべての子どもの担当であり、これが本学の教育の最も大事にしている点」である。

すべての教職員で一人ひとりの子どもを見ていくという共同指導体制を実践

している。支援学級の先生は，必要に応じて通常学級に「入りこみ」クラス担任とチーム・ティーチングしながら支援の必要な子どもたちのいるクラスを巡回しサポートしている。

　校長室で，橋本先生の説明受けているときにも，子どもたちが4～5名校長室に来て，校長に話しかけながら過ごしている。「校長室に行ってもいいカード」をもらって来る子どももいる。教室の活動に参加するのがしんどいときに，校長室がほっと一息つける場所になっている。校長室は児童たちにとって安心できる居場所になっているのである。保健室や相談室も居場所になっている。学校が嫌になって，不登校になるのが一番良くない。この学校では不登校の児童はほとんどいないという。他校で不登校だった児童も，本校に転校したら通学しているという。それだけ，この南桜塚小学校では，一人ひとりの児童の思いや関心を大切にしたインクルーシブ教育が行われている証拠であろう。学校にはエレベータが設置され，車いす（図1-3）使用で医療的ケアの必要な児童も通っており，看護師が常勤で勤務している。豊中市の小学校42校のうち，エレベータは多くの学校に設置されており，設置されていない5つの小学校

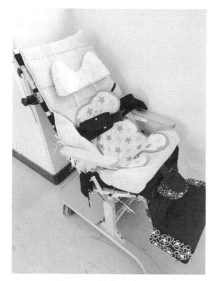

図1-3　児童の車いす

（筆者撮影）

図1-4　南桜塚小学校のエレベータ

（筆者撮影）

は建物構造上エレベータが設置できない学校ということであった（図1-4）。車いすの児童は校庭で体育授業を見学していたが，授業は2クラス合同授業であった。学校では，クラス担任が自身の得意分野を活かして，学年のクラスをすべて担当する交換授業制度を活用している。家庭科や図画工作，体育などは，交換授業にしているということで，担任が自分のクラスだけでなく学年全部のクラスを担当することは，学年全体の児童を教育し，児童全体を知って理解することとなり，通常の自分のクラスだけの児童を見ているより，視野が広くなり，教員同士の児童の情報共有になり，児童を知るいい機会になると思われる。学校では体育や図画工作の合同授業を見学させてもらった。

　また，南桜塚小学校の支援コーディネーターの中田崇彦先生は，小学校での医療的ケアを必要とする車いすユーザー，6年生の「ショウヘイ」がいかにして運動会のクラスのリレーに参加することができたかの事例を示し，考察している[8]。ショウヘイは参加する際に「車いすで押してもらいたい，伝い歩きもしたい」の2つを希望した。このことにより，ショウヘイを含めたクラス全員が当事者となり，知恵を出し合い，リレーのルールを変更し，全員が参加できる形に調整した。こうした事例をもとに，インクルージョンとは，まわりを巻き込みながら，一人ひとりが当事者意識を持って，すべての人が生きやすいように社会を変えることではないだろうかと述べている。そして，2022年4月27日の文部科学省通知「特別支援学級に在籍している児童生徒は，週の半数以上の時間を特別支援学級で授業を受け，適切な指導を行う」ということに対して，障がいのある子どもとない子どもを分断していくことにつながるのではないかという危惧があると指摘している。

4 日本でインクルーシブ教育が進まない理由

　今の学校は子どもたち一人ひとりをよく見ず，ひとまとめにして指導していると感じる。インクルーシブ教育とは，子どもの多様性を大事にすることだが，これは日本ではなされていないといえる。授業においてまだ子どもたち一人ひとりの多様性を認めていない現状があり，先生の一方的な授業になっていて，子どもの多様性を認める実践はしていない。一人ひとりのわかり方，わからな

い理由を先生は読み取りもせずに，自分の求める答えを子どもたちに押し付けているのが現状ではないだろうか。本来のインクルーシブ教育とは，一人ひとりの違いを大切にして，その子どもたちの多様性を活かす教育である。今までの教育のように先生が一方的な授業を行うのではなく，子ども同士が学び合う，先生もその学び合いに参加する共学へと転換することが必要と堀は指摘している。いわば，教師中心の授業から，子ども同士が授業に参加できる学習へと転換する。問題解決場面では，まず，自分が個人として問題に対する問いを立てる個人学習，ペア学習，グループ学習，クラスでの学習などのように，自分では気づかない方法も友だちと協力しながら話し合い，役割分担しながら，問いの解決に向けて進めていくということである[9]。

　インクルーシブ教育における教員に求められる視点について眞城は，以下のように指摘する[10]。

1）インクルーシブな学校体制の基本

　インクルーシブな学校にするためには，障がいのある子どもをはじめとして何らかの特別な教育ニーズを必要としている子どもを他の多数の子どもの中に受け入れることではない。多様性のある教育ニーズを包含するために学習環境を継続的に改善する必要がある。

　インクルーシブ教育の本質は，学校改革を軸に据えていることを念頭に置いて，教育を柔軟に変更していかなければならない。インクルーシブな学校を創造していくためには，すべての教員が子どもの教育に対する責任を必ず持つことが大前提である。

2）インクルージョンに対する明確なマインドセットを持つ

　インクルーシブな学校をつくり上げていくための「マインドセット」の考え方や意識が変化を促すことが重要である。インクルージョンに対する理解と意識を持つこと。それは，多数に特定の少数が「ついてこられるように受け入れる」という発想ではなく，学習機会が得られない状態となる個人を生じさせないように，通常に付加したり，通常とは異なる対応が通常の「スタンダード」に包含されるように学習環境を変化させていく過程を表すことをはっきり認識することである。

5 インクルーシブ教育実践のために必要なこと

　インクルーシブ教育を実践する学校を目指すには，特別な教育ニーズのある子どもを含むすべての子どもの教育的対応をするために通常学級の学習環境や教育スタンダードを変えていく姿勢が必要である。通常学級の学習活動についていけない子どもは，特別支援学級の学習指導や通級指導での個別指導に参加することが適当と考える教員が多いとインクルーシブ教育の学校にはならない。南桜塚小学校では，教員全員がクラスに関係なくすべての子どもの教育に責任を持ち対応している。発達障がいの子どもたちは，通常学級での一斉指導において学習内容が十分に理解できない経験を繰り返したり，通常学級で他の子どもたちと友好的で適切な関係がつくれないために疎外感を抱いたり，いじめられたりすることも少なくない。このために通級指導を利用するだけでは，インクルーシブな学校とはいえない。橋本校長は，特別支援学級や通級制度は，子どもたちの教育を分断することになりかねないと，警告を発している。インクルージョンの考え方は，こうした状況に対して，当該児童を含め学級集団や学校全体の改善が普段より行われ変わっていくインクルーシブマインドを持続的に教職員が持ち続ける姿勢が重要なのではなかろうか。今回の訪問調査を行ってみて，痛感したのは，インクルーシブマインドを持って，教職員が一つになって取り組む姿勢である。それは，すべての子どもの人権を守るという教育の原点である。それには，特別支援教育のニーズのある児童生徒に特別支援担当教員が関わるのではなく，学校のすべての教員はすべての児童生徒に関わる姿勢がある学校こそが，インクルーシブな学校であるということである。

引用文献

1) 小山望，太田俊己，加藤和成ほか編著：インクルーシブ保育っていいね，福村出版，2013.
2) 小山望編著，堀智晴，舟生直美ほか共著：だれもが大切にされるインクルーシブ保育―共生社会に向けた保育の実践―，建帛社，2023.
3) 小山望：インクルーシブ教育の実践（幼児期について）．共生社会学入門（小山望編者代表），福村出版，2024，pp.135-149.
4) 野口晃菜，喜多一馬編著：差別のない社会をつくるインクルーシブ教育，学事出版，

2022.

5）小曽湧司，是永かな子：フィンランド・ユバスキュラ市における特別な教育的ニーズに応じる段階的支援の実際．発達障害支援システム学研究，2017；16；9-15.

6）神奈川県：インクルーシブ教育実践推進校．https://www.pref.kanagawa.jp/docs/j7d/cnt/f533456/index.html（2024年11月1日アクセス）

7）豊中市障害児教育基本方針（改定版），2016.

8）中田崇彦：やっぱりみんなといっしょがいいんや．部落解放，2023；845，56-66.

9）堀智晴：「授業」から「共学」への転換を一本来のインクルーシブ教育にむけて．部落解放，2023；845，45-55.

10）眞城知己：子どもたちを巻きこみながらインクルーシブな学校をつくっていく．インクルーシブな学校をつくる（石田祥代，是永かな子，眞城知己編著），ミネルヴァ書房，2021，pp.216-221.

参考文献

国立特別支援教育総合研究所編著：「知的障害のある子どもと共に学ぶ」を考える，ジアース教育新社，2019.

特集1 子どものことは，子どもにゆだねよ 「ほっとかへんで」（豊中市南桜塚小学校）．コトノネ，2022；43，18-23.

第2章

つながりや関わりの中で生きるホリスティックな保育
―共生社会の実現に向けて―

清水　道代

1 ホリスティック教育への希求

1 現代的課題とホリスティックな教育，保育

　国際紛争や未知のウイルスの感染拡大，地球温暖化など，これからの子どもたちには「予測困難な時代」を生き抜く力が求められている。そのためには，自ら課題を発見し，仲間と協働しながら解決へ向かっていく力が必要だといわれる。また，人間の存在を全体的な視点から捉え直そうとする考え方は，心理学，医学，教育，福祉など，様々な分野で浮かび上がっている。複雑化する社会において，一面的なものの見方は重要な部分を見落とす結果にもなりかねない。また，子どもの一部の行動を問題視したり，学力，能力だけに焦点化することは，子どもを一人の人間として，全体を見ることを見落としてしまう。手塚[1]は，ホリスティック（holistic）な視点の必要性について，今までは教師や親は何もかも知っている人，子どもは何もわからない人であり，教師や親は子どもに教え，子どもはそれを受け取るのだという教育観があったが，現在では人間というものの事実にそぐわないと指摘する。そして，教育を見直す視点として，子どもをからだや感情，心や知性や魂を持っている一人の人間として捉えること，子どもはどのように成長，発達していくかを知ること，一人ひとりの子どもはユニークな存在であり，その子なりの内的な世界を持っていることを知ることの3点をあげている。

　ホリスティックという言葉は，「ホーリズム的な」という意味であり，ホーリズム（holism/全体論）という言葉は，J.C. スマッツという哲学者が『ホーリズムと進化』（1926）で初めて使った言葉といわれている。スマッツは，ある部分をいくら積み重ねていっても，決して全体には到達できない。なぜなら，

全体は部分の総和よりはるかに大きいものだからであるとする。このホーリズムという言葉の語源になっているのは、ギリシャ語の「ホロス（holos/全体）」という言葉であり、全体（whole）、健康（health）、癒す（heal）、神聖な（holy）というような言葉は、この同一の語源に由来するとされている。ホリスティックは、全体、関連、つながり、バランス、調和などの意味を包含した言葉として解釈されている。

このホーリズムの考え方に基づいて行われるのがホリスティック・アプローチであり、保健、医療、看護、福祉、教育などの分野で実践されるようになってきた。そこでは、相互性や全体性が考慮され、科学的、客観的な根拠だけではなく、人間の主観性や固有の感性、人間関係や対話も尊重される。アロマセラピーなどの補完代替療法自体がホリスティック・アプローチということではなく、ホーリズムの考え方に基づいて行わなければホリスティック・アプローチとはいえない[2)]。それでは、現代的課題に対して、ホリスティックな教育はいかにして実現可能なのだろうか。

2 | 共生社会の実現とホリスティック教育の概念

吉田[3)]は「ホリスティックな教育」という概念は、現実の外のどこかの高みにある理念（理想）として役立てられるべきものではなく、「地図」のような現実を見取る道具であるとし、ジョン・ミラーのホリスティック教育の定義[*1]を参照しつつ日本の教育現実の諸課題から新たな6つの次元・位相を提示している。その第一は「意志－感情－思考－直観の〈つながり〉：全人教育の志向」である。「知」にとっての「イマジネーション」や「共感」「直観」などの情意的側面に意義を置いている。第二は「様々な教科・領域の間の〈つながり〉：総合学習の志向」である。総合学習を中心とした学びは学校に閉じこもるものではなく、地域社会に開かれた学習を展開するものであり、コミュニティとのつながりにも位置する。第三は「家庭－学校－地域の〈つながり〉：生涯学習社会の志向」である。家庭や学校や社会で人生を歩むすべての時期で

---

*1 「論理的思考と直観との〈関わり/つながり〉」「心と身体との〈関わり/つながり〉」「知の様々な分野の〈関わり/つながり〉」「個人とコミュニティとの〈関わり/つながり〉」「地球との〈関わり/つながり〉」「自我と〈自己〉との〈関わり/つながり〉」の6つ。

の学びの〈つながり〉も重視する「いつでもどこでも誰とでも学ぶ」「生涯学習社会の志向」である。コミュニティとの「文化」の再発見・再創造を共有しつつ編み直していく「学びの共同体」づくりへの志向でもある。第四は「個人と人類共同体との〈つながり〉：地球市民教育の志向」である。個人，地域，文化，人類，地球等，多層的な〈つながり〉を念頭に置く必要があるとする。第五に「自然と人間の文化の〈つながり〉：環境教育の志向」である。自然との直接的な関わりだけでは生きていくことができない，文化に支えられることを不可欠とする生物であることを重視し，人間が自然とその根源的な〈いのち〉を通して再び結びつくことができるような文化を掘り起こす，あるいは創出していくことが求められているとする。第六に「自我と〈自己〉と〈いのち〉の〈つながり〉：臨床教育の志向」である。〈自己〉は個人の内面に閉じ込められたものではなく，その根底で〈いのち〉にふれ，他者やすべての生命たちに開かれていくものだということを明示しておきたいとしている。人間の存在の深みから教育を捉え直す試みである。

　また，吉田[1] は，従来型の学校教育の様々な諸問題が，「断片的知識の詰め込み教育」や「テスト主義」「知育偏重」，あるいは子どもを技術的に操作できる対象とみる「管理主義」など，近代科学や近代社会に暗黙のうちに潜んでいるものの見方や発想の枠組み（パラダイム）に深く根ざしているとする。そして，大切なのは自分が営んでいる教育をその背後で支えているものの見方，発想の枠組みにまで遡って，まずは問いに付してみることだとしている。そして，吉田[4] は，「ホリスティック」概念が国際機関でパブリックに用いられるようになってきたこと，また，新たなユネスコ勧告は，すべての生命のつながり，自己への覚醒（self-awareness），精神的な叡智といった価値が強調され，「ケアリング（caring）」や「ケアの倫理」「共生（convivial）」も特筆されていると述べ，つながりや関わりの中で支え合って生きる人間観，ホリスティックな世界観への動向が読み取れるとしている。多様な個性を持つすべての人々が互いに支え合い，認め合うことによって，より公正で平等な世界を築く共生社会の実現にもつながる考え方である。

　近代科学や近代社会のものの見方や発想の枠組み（パラダイム）の問い直しは，レイチェル・カーソンの思想の再評価ともつながる。次ではレイチェル・

カーソンの思想とホリスティック・アプローチのつながりについて見ていくこととする。

2 レイチェル・カーソンの思想の再評価とホリスティックな保育

1 近代科学への問いかけ

ESD（持続可能な開発のための教育；Education for Sustainable Development）の重要性が語られる現在，レイチェル・カーソン（1907 ~ 1964）の著作は，私たちに多くのことを問いかけてくる。『沈黙の春』は化学物質と環境汚染，環境破壊に警鐘を鳴らし，『センス・オブ・ワンダー』は自然保育や環境教育の重要性と魅力を伝えるものとなった。戦後の科学技術の進歩は，私たちに豊かさと便利さをもたらしたが，化学物質の影響や環境破壊などその代償は大きく，改めて『沈黙の春』が問いかけていたものを痛感するのである。『沈黙の春』の最後に次のようにある。

> 私たちのすんでいる地球は自分たち人間だけのものではない，この考えから出発する新しい，夢豊かな創造的な努力には〈自分たちが扱っている相手は，生命あるものなのだ〉という認識が終始光り輝いている。（略）近代人は化学薬品を雨あられと生命あるものに浴びせかけた。（略）自然は，人間の生活に役立つために存在する，などと思い上がっていたのだ。（略）おそろしい武器を考え出してはその鉾先を昆虫に向けていたが，それは，ほかならぬ私たち人間の住む地球に向けられていたのだ[5]。

『沈黙の春』の問いかけは，吉田[3] の示す「地球市民教育の志向」や「環境教育の志向」と重なる。自然，文化，人類，地球，いのち等，多層的な〈つながり〉を念頭に置き，本当の豊かさとは何かを問うことが求められている。

2 〈センス・オブ・ワンダー〉とホリスティック

1）生まれながらに子どもの持つ〈センス・オブ・ワンダー〉

前述のように，自然との共生はレイチェル・カーソンの思想の特徴でもあるが，それだけではなく，子どもの存在を『センス・オブ・ワンダー』の中で見

事に著している。

　　子どもたちの世界は，いつも生き生きとして新鮮で美しく，驚きと感激に満ち
　あふれています。残念なことに，わたしたちの多くは大人になるまえに澄みきっ
　た洞察力や，美しいもの，畏敬すべきものへの直観力をにぶらせ，あるときは
　まったく失ってしまいます。もしもわたしが，すべての子どもの成長を見守る
　善良な妖精に話しかける力をもっているとしたら，世界中の子どもに，生涯消
　えることのない「センス・オブ・ワンダー＝神秘さや不思議さに目をみはる感
　性」を授けてほしいとたのむでしょう。この感性は，やがて大人になるとやっ
　てくる倦怠と幻滅，わたしたちが自然という力の源泉から遠ざかること，つま
　らない人工的なものに夢中になることなどに対する，かわらぬ解毒剤になるの
　です[6]。

　子どもは生まれながらにして生き生きとした感性，直観力，共感力，自然や
いのちに対しての畏敬，未知への興味，やわらかで柔軟な感覚を持っている。
そして，幼児期に自然と触れ合うことの大切さ，自然の中で子どもの感性は新
鮮さを持ち続けること，子どもは，自然とともにある存在であることを改めて
思い起こさせる。ホーリズムの考え方がレイチェル・カーソンの思想の中にあ
ることがわかる。

2）『センス・オブ・ワンダー』にみる知の在り方

　　わたしは，子どもにとっても，どのようにして子どもを教育すべきか頭をなや
　ませている親にとっても，「知る」ことは「感じる」ことの半分も重要ではない
　と固く信じています。子どもたちがであう事実のひとつひとつが，やがて知識
　や知恵を生みだす種子だとしたら，さまざまな情緒やゆたかな感受性は，この
　種子をはぐくむ肥沃な土壌です。幼い子ども時代は，この土壌を耕すときです。
　美しいものを美しいと感じる感覚，新しいものや未知のものにふれたときの感
　激，思いやり，憐れみ，賛嘆や愛情などのさまざまな形の感情がひとたびよび
　さまされると，次はその対象になるものについてもっとよく知りたいと思うよ
　うになります。そのようにして見つけだした知識は，しっかりと身につきま
　す[7]。

　これまでの「断片的知識の詰め込み教育」「管理主義」の教育の在り方では，
子どもの〈センス・オブ・ワンダー〉は機能しなくなる。汐見[8]は，知ること

が，わかったと信じこむのではなく，知ることでかえって新たな問いが生じるというような「知り方」，新たな問いが湧いてくるような「知り方」が大切であると指摘する。「知る」ことより「感じる」ことがはるかに大切であり，「何だろう，どうしてだろう」と想定外に心を開くことや，もっと知りたくなる経験が保障できているのかを問うことが求められる。

3）保育の場で起きている〈センス・オブ・ワンダー〉

① 〈センス・オブ・ワンダー〉を働かせる「森のようちえん」の営み

　筆者は何度か「森のようちえん」（図 2-1, 図 2-2）[2] を訪問しているが毎回，子どもの〈センス・オブ・ワンダー〉に感動し，自分自身の開放的な感覚の深まりを感じる。子どもたちは思い思いに森を歩き，途中で虫や不思議なものに出会うとその場に座ってしばらく観察，子ども同士で話をしながら虫を捕まえたり，寄り道をしながら進んでいく。草花や実，風の音や香りなど様々なことに関心を寄せながら発見や驚き，不思議など心を揺さぶられながら探索する。崖を自力で登っていく子どもや鬼ごっこを始める子ども，枝を拾ってきてお家ごっこを始める子どもたち，木の切り株に座って友だちに森の中の妖精の話を語る子どもなど様々な姿がある。たくさんのいのちに囲まれた場所は心もからだもつながり，イマジネーションや共感を生み直感は知の様々な分野と関わっていく。いのちに触れる経験は他者やすべての生命に開かれ，自己との対話は自分自身への信頼感も育て，多様な他者と協力しながら新たな知を育んでいく。発達障がいの子どもも数人在籍しているが特に加配の保育者もなく，共に生きる場が保障されている。訪問時，保育者[3] から「森のようちえん」の保育は，保育者も心が開放され感性が研ぎ澄まされること，それによって子どもの世界を共有し共同注視[4] が可能になると語っていた。また，子どもは「自分は

＊2　自然体験型の環境教育の活動とその団体名について「森のようちえん」という表記を用いると定義されている。日本における「森のようちえん」は概ね 0 ～ 7 歳の子どもを対象に，森だけではなく，海，川，里山，畑，公園など自然のフィールドを広く捉えた保育が展開されている。

＊3　長野県軽井沢町「森のようちえんぴっぷ」において 2022 年 9 月にインタビューを行った。

＊4　共同注視：2 人以上の人が同じ対象や出来事に注意を向け，その対象や出来事についての認識を共有する社会的な相互作用のプロセス。感情の共有，他者とのつながりの形成，共感などの基本となる。

図 2-1　散歩の途中で

図 2-2　自然の中の森のようちえん

自分で良い」と思える感覚を持つ子が多いという。「森のようちえん」の営みから新鮮な子どもの〈センス・オブ・ワンダー〉と自然という力の源泉がかわらぬ解毒剤になることを実感するのである。

②日常の園生活の中で

　子どもが〈センス・オブ・ワンダー〉を働かせているのは「森のようちえん」だけではない。井桁[9]は，日常の園生活の中で子どもは豊かで繊細な感性を常に発信しているという。自分なりの感覚で取り込み，感じることは見つめることにつながり，見つめることはわかることにつながっていく，つまり，赤ちゃんたちが何かを見つめているときはそのものをわかろうとする学びの時間と述べる。そして，保育者が子どもたちに言葉をかけて指示したり行為を促したりすることを"保育"と誤解されることも少なくないが，子どもが見て感じる前に言葉をかけてしまうことは，その大人の視点だけで先入観を与えてしまうことになり，それは子どもが自分の感性に自信を持つチャンスを邪魔してしまうことになると指摘する。また，子どもは生活の中で〈センス・オブ・ワンダー〉を働かせ，友だちのしていること，気持ちもわかろうとしているという。大自然の中でなくても身震いするほどの感動は，日常生活の中で目にするものに心を動かされる感性さえあれば味わえるし，育むことができるとしている。『センス・オブ・ワンダー』の一節に次のようにある。

　　妖精の力にたよらないで，生まれつきそなわっている子どもの「センス・オブ・ワンダー」をいつも新鮮にたもちつづけるためには，わたしたちが住んでいる世界のよろこび，感激，神秘などを子どもといっしょに再発見し，感動を分か

ち合ってくれる大人が，すくなくともひとり，そばにいる必要があります[10]。

子どもが〈センス・オブ・ワンダー〉を働かせているその瞬間を保育者が見つけ，共感し，感動できる感性と専門性が問われているのである。

3 │ 幼児教育の歴史的展開にみるホリスティックな保育

ホリスティックな考え方では，時間的にも，過去，現在，未来の人間の歴史全体を見ていこうとするものであり，理論も実践も絶対的なものはなく，前の時代の人々から学び，さらに新しいものにつくりかえていく営みである。また，歴史家でもあり，国際政治学者でもある，E.H. カー[11] は，歴史とは現在と過去との対話であり，現在に生きる私たちは，過去を主体的に捉えることなしに未来への展望をたてることはできないとし，複雑な諸要素が絡み合って動いていく現代では，過去を見る新しい眼が切実に求められていると主張している。そこでここでは，大正自由教育の時代に遡り，レイチェル・カーソンの思想やホリスティック・アプローチともつながる東京府女子師範学校附属幼稚園（現東京学芸大学附属幼稚園竹早園舎）の主任保姆[*5]，卜部たみの実践[12] を見ていくこととする。

1 │ 遊戯的学習におけるホリスティックな保育

1) 自然との対話，心の目を開かせる「観察」

卜部たみは，附属幼稚園の実践について『幼児の教育』[*6] の 1920 年代後半の記事の中で，20 回にわたり保育の記録を掲載している。「九月の幼児生活」の中の「生活記録」[13] では，自由遊びを中心に据え，園外保育も多く取り入れていることが示されている。近隣小学校との交流や，寺院，神社，植物園などに出かけ，自然環境や地域の人々とふれあい，お祭りなどにも参加している。子どもたちの生活の中には，園内外の散歩や観察など自然や季節を味わう機会が多くあり，「観察」という行為を通してモノと対話し自分とも対話しながら

---

*5　保姆：当時は幼稚園で保育（教育）に従事する者を「（幼稚園）保姆」と称していた。

*6　1901 年に刊行された『婦人と子ども』の継続誌として，幼児教育の本質を追求しようとする専門雑誌で，各時代の幼児教育の姿が著されている。

20　第 2 章　つながりや関わりの中で生きるホリスティックな保育

環境と真剣に関わる経験が保障されている。それらの経験が園に帰ってからの創作活動や表現活動へとつながっている様子が次のようにある。

　　○日。朝から蝉の声が盛んに聞こえる。靴を履きかえると早速思い思いの活動が始まり，自らそこに興味分団ができる。花壇あるいは庭に出て雑草を摘むもの，室内で小さな積み木の列車に余念がないもの，クレヨンを出して休中にみた景色をかくもの，大きい積み木を遊戯室に担ぎまわるもの，砂場に山やトンネルを作るもの等様々である。暫くの後自然に外に集まって大部分は雑草抜に加わる。一組 M 子 T 子の手つきの上手な事。雑草の間から跳ね出すバッタ，根切虫，大きないも虫を引いていく大勢の蟻等が又一段と観察の興をそそる。砂場に出た豆の芽生えを小さな鉢に移し植える S 子さんの心づかいよ。観察は観察のために観察という方式を作るのではなく，凡て遊びの間にあらゆる機会に自然に有力に行うべきものと思う。そして事物に対する心の目を見開かせることが第一である[13]。

　観察は，子どもの遊びにとって最も重要な初めの部分であり，すべての経験や知識が入ってくる門戸であり，子どもの内的な作用によりいずれは様々な形で表現されている力となっていくものとして位置づいている。子どもたちはこのような具体的な経験を通して，包括的に，全人的に育っていく。保育者は一人ひとりの内面を理解し，それぞれの子どもが何に関心があり，何に感動しどのような経験をしているのか，その内容や学びのプロセスを把握し，対話しながら適切な援助をすること，またその力量を持つ保育者でなければならないということを子どもの姿からも学んでいることがうかがえる。生活記録は 1 年半にわたり掲載されており，それぞれの内容は個々に分断されることなく，自然な流れの中で，子どもの生活が連続性を持って営まれている。

　なお上記引用文中，「興味分団」とは，それぞれの子どもが好きな遊びに分かれて遊び始める様子をいう。また，「休中にみた景色」は，幼稚園がお休みのときに家族などと出かけたときに見た景色を指す。

2）子どもの主体的な活動とともにある保育者

　また，それぞれの子どもが，自ら考え，新しい発見をしながらその楽しさを共有し，生活を発展させていく力が育まれていく様子が次のように記されている。

二組（年長）は数日前から各児思い思いの家づくりをしていたが，一組（年少）の平面的なのに対して立体的なのが一層進んでみえる。今日は殆ど色々の彩色した様々な形の家が出来上がった。大抵は家としての一つの製作が終われば是で仕事の完成としてお土産に持ちかえらせたものであった。一寸与えた保姆の暗示はたちまち「家作り」から発展して「町作り」「都会作り」になった。一同室の真中に机を集め，広い地面を想定したらしい。道をかく。茶色にぬる。そこへめいめいが家をならべる。軒並みをそろえた西洋館。ここは露地。ここは大通り。「やあ電車を作ろう」「僕は自動車」「僕電車センロ」「あたしは人」「今度は木がほしいです」「え〜先生どうやって作るの？」かくして又次々の仕事は生活活動はつきない。一同手をおいた時にとつとつと周りに集まる。Ｋちゃんいわく。「やあ随分世の中が発達したもんだなあ」保姆もこの言葉に思わずびっくりさせられた。おそらく真の喜びの声であろう。（略）一同大喜びやがてめいめいで一の組（年少）へ迎えにいって発達した世の中の紹介に及ぶ[13]。

　生活から乖離した知識を伝達するのではなく，子どもが今，関心を示しているものに対して，その意味世界が一層深まるよう，保育者は子どもたちが互いに共鳴し合いながら生活を発展させていく姿を捉え，保育者も同じ共同体の一員として子どもの経験している内容を共有している。「一寸与えた保姆の暗示」が新たな発見や経験へとつながり，子どもたちが充実感や達成感を味わうことができているのは保育者が子どもとともにある存在であるからにほかならない。また，子どもたちの生活が単なる経験に終わるのではなく，それぞれの子どもの真の喜び，確かな生の体験へとつながるような役割を果たしていることが，子どもの生き生きとしたつぶやきや完成した自分たちの町を大喜びで伝えにいく姿からもうかがえる。

3）生活を豊かにする行事

　次は，行事についての記事である。「十二月の幼児生活」の中に「玩具祭りについて」と題し，玩具祭りを最初に行った 1924 年の日誌から抜き書きしたものが掲載されている。次は保護者への手紙である。

　　（略）楽しかった今年の思い出を懐かしみ待遠しいお正月を楽しむその生活を一層豊かにするために，「玩具祭り」を致したいと存じます。就いては次の項お含みの上お子様と一番おなじみの深い玩具を一，二点，二十日（土曜日）までの間

にお持たせください。（略）日常一番喜んで遊んでいるもの，あるいは一番思い出深いもの。価格の高いものといふ選び方ではなしに，たとえ破損していてもお子様に興味深いとか，意味のあるというもの。この意味でお子様自身あるいは他の方の製作によるものもよろし。その玩具には姓名，買った時，及びその頃その時のお子様の状況，若しくは御感想。その他をご記入くださいます様。（略）[14]

　一年間の成長，無事に楽しく過ごすことができたことへの感謝など，子どもを真ん中におきながら家庭とともに生活をより豊かにしていく様子がうかがえる。日常的な生活の連続の中に節目の日として行事を位置づけ，子どもたちの生活にメリハリやアクセントを設けている。それぞれが充実感を味わえるような工夫もなされている。また，行事によって前後の生活がより豊かになっていく様子が次の記録からもうかがえる。

　　今日は昨日より一層増し色々のものが飾られた。（略）一同円形になって一人一人玩具について説明をさせてみると，殆ど断片的な一言で次々に補って初めて意が通ずる位である。それが幼児として又当然の事と思う。従って心して母親の認めてくれた手紙の所々をよんでその幼児の説明の補いとする所に又一層親しみが起きるのである。

　〈母親からの手紙〉

　　（略）これは確か四つの時松屋に買い物に参りました時，頻りに買いたがりましたので買ってやりました。その当時可愛がって寝る時は枕を並べた事も二日や三日ではございませんでした。（略）しかし近頃はすっかり…こんな見る影もない人形ですがYには思い出深い物で，今のようながさつ者が一二年前にはこのお人形をもって一人でおとなしく遊んでいた事を御想像くださいませ。昨夜これを出しましたら『もっていかなくてもいいや』と恥ずかしい顔付でしたが自分でさっさと紙に包んでいましたことを笑わないでやってくださいませ。（略）[14]

　自分自身の成長を感じたり，楽しかった思い出や感動した出来事を友だちと共有することで，お互いの存在を認め合い共同体の連帯感を深め，豊かな心が育まれていくものとなっている。日本の伝統文化，四季折々の風景やいのちの循環，お月見やお祭り，展覧会やお誕生会などの行事が子どもにとって意味あ

るものとして幼児生活に位置づいている。また，家庭に対しても行事のねらい
を説明し，家庭にも参加してもらうことで子どもたちの育ちゆく力の素晴らし
さや楽しみを共有し，家庭生活の豊かさにもつながっていくところに行事があ
る。保育者も保護者も子どもの育ちを喜び，つながり合いながら互いに成長し
ていく保育が展開されていたのではないだろうか。卜部の実践からは，吉田[3]
が示した6つのホリスティックな位相を垣間見ることができる。子どもを一
人の人間として，子どもの目に見えない内的な世界を尊重し，自然や多様な他
者との関わりやつながりの中で支え合う，まさにホリスティックな保育が展開
されていたといえよう。

4 ホリスティックな保育を実現するために

　私たちが営んでいる教育，保育のパラダイムを問いに付してみるとき，浮か
び上がるのがホリスティックな存在としての子ども観，人間観である。子ども
をからだや感情，心や知性や魂を持っている一人の人間として捉えること，一
人の人間として尊厳のある存在として見ることである。これは多様な個性を持
つすべての人々に対しても同様である。子どもは教える対象ではなく，生まれ
ながらに持つ〈センス・オブ・ワンダー〉を働かせ，からだ全体で感じ取り学
んでいる。そして他者をわかろうとする存在なのである。佐伯[15]は村井実の
論*7を引用し，子どもはそれぞれが独自に「よく生きようとしている」存在で
あり，人それぞれ，他者とともに"よくあろう"と訴え，それを相互の交渉で
実現しようとしているとし，「訴え」は他者と「共に生きる」ための「呼びかけ」
としている。また，様々に表明している子どもの「思い」を読み取るだけでは
なく，「思い」の背後にある本当の「願い」を感じ取ることで「よく生きよう
としている」訴えが見えてくるとし，それは，様々な場面で見せる表情やまな
ざし，ふとした振る舞いなどから「どのように生きたいのか」を感じ取ること
から「子ども（まるごと）が見えてくる」としている。〈センス・オブ・ワン
ダー〉という感性は，今，大人にこそ必要なものかもしれない。

---

*7　村井実：日本教育の根本的変革，川島書店，2013．村井実：道徳は教えられるか，国
　　土社，1967．

引用文献

1) 日本ホリスティック教育協会編：ホリスティック教育入門〈復刻・増補版〉，せせらぎ出版，2005，pp.11-37.
2) 日本保健医療行動科学会編：講義と演習で学ぶ保健医療行動科学 第2版，日本保健医療行動科学会，2022，p.95.
3) 吉田敦彦：ホリスティック教育論—日本の動向と思想の地平，日本評論社，1999，p.17.
4) 吉田敦彦：世界情勢の中の「holistic」概念—最新のユネスコ勧告に寄せて—．ホリスティック教育／ケア研究，2024；27.
5) レイチェル・カーソン著，青木簗一訳：沈黙の春，新潮社，1974，p.346.
6) レイチェル・カーソン著，上遠恵子訳：センス・オブ・ワンダー，新潮社，1996，p.23.
7) 前掲書6），pp.24-26.
8) 汐見稔幸：生涯消えることのない〈センス・オブ・ワンダー〉を育むために．研究子どもの文化，2010；12；16-17.
9) 井桁容子：保育園の場における〈センス・オブ・ワンダー〉．研究子どもの文化，2010；12；47-53.
10) 前掲書6），pp.23-24.
11) E.H.カー著，清水幾太郎訳：歴史とは何か，岩波書店，1962，pp.1-40.
12) 清水道代：1920年代における東京府女子師範学校附属幼稚園主任保姆卜部たみの保育記録に関する一考察．子ども社会研究，2016；22；139-153.
13) 卜部たみ：九月の幼児生活．幼児の教育，1927；27；8；80-86.
14) 卜部たみ：十二月の幼児生活．幼児の教育，1927；27；11；38-44.
15) 佐伯胖：「子どもを人間としてみる」教育へ向けて．時間割から子どもと一緒につくることにしてみた（山田剛輔，久保寺節子，佐伯胖著），学事出版，2024，pp.224-236.

参考文献

ジョン・P.ミラー著，中川吉晴，吉田敦彦，桜井みどり訳：ホリスティックな教師たち—いかにして真の人間を育てるか？，学習研究社，1997.（＝John P. Miller：The Holistic Teacher, OISE Press, 1993.）

ジョン・P.ミラー著，吉田敦彦ほか訳：ホリスティック教育—いのちのつながりを求めて，春秋社，1994.（＝John P. Miller：The Holistic Curriculum, OISE Press, 1988, revised 2nd ed., 1996,）

Jan Christiaan Smuts：'The Theory of Holism', 1927, in；Toward A Better World, Duell, Sloan & Pearce Inc., 1944.

J.C.スマッツ著，石川光男，片岡洋二訳：ホーリズムと進化，玉川大学出版部，2005.（＝Jan Christiaan Smuts：Holism and evolution [First Edition]. The Macmillan Company, 1926.）

第3章

医療的ケア児との共生について考える
―保育所での実践を通して―

岩本　圭子

1　保育所等での医療的ケア児の受け入れにあたって

1　医療的ケア児と医療的ケア児支援法

　医療的ケア児とは，医学の進歩を背景として，NICU（新生児特定集中治療室）等に長期入院した後，引き続き人工呼吸器や胃ろう等を使用し，たんの吸引や経管栄養などの医療的ケアが日常的に必要な児童のことをいう。

　2021年6月に「医療的ケア児及びその家族に対する支援に関する法律」（以下「医療的ケア児支援法」）が成立し，同年9月に施行された。この法律により，国や地方公共団体は医療的ケア児およびその家族に対する支援に係る施策を実施する責務を有することとなった。この責務規定により，保育所や認定こども園，家庭的保育事業等（家庭的保育事業，小規模保育事業，事業所内保育事業），放課後児童健全育成事業，学校（幼稚園，小学校，中学校，義務教育学校，高等学校，中等教育学校および特別支援学校）での医療的ケア児の受け入れに向けて支援体制を拡充することが求められる（図3-1）。

2　保育所等で実施できる医療的ケアの概要

　医療的ケアには，経管栄養，服薬管理，吸引，導尿，酸素療法（在宅酸素療法）の管理，気管切開部の管理，吸入，人工呼吸器の管理，インスリン注射（皮下注射の管理を含む），人工肛門（ストーマ）がある。このうち，保育所等において保育士等が行うことができる医療的ケアの内容と範囲は図3-2のようになっている。

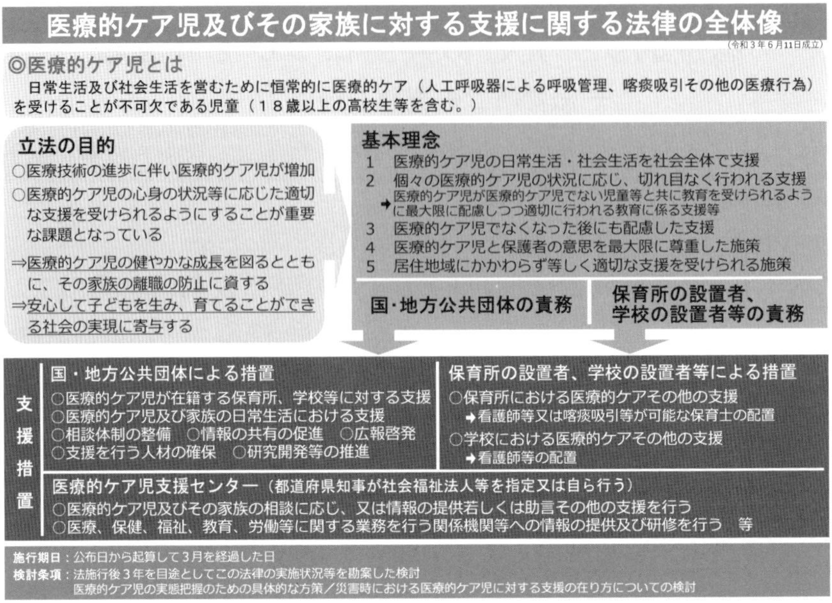

26　第3章　医療的ケア児との共生について考える

医療的ケア児及びその家族に対する支援に関する法律の全体像
(令和3年6月11日成立)

◎医療的ケア児とは
日常生活及び社会生活を営むために恒常的に医療的ケア（人工呼吸器による呼吸管理、喀痰吸引その他の医療行為）を受けることが不可欠である児童（18歳以上の高校生等を含む。）

立法の目的
○医療技術の進歩に伴い医療的ケア児が増加
○医療的ケア児の心身の状況に応じた適切な支援を受けられるようにすることが重要な課題となっている
⇒医療的ケア児の健やかな成長を図るとともに、その家族の離職の防止に資する
⇒安心して子どもを生み、育てることができる社会の実現に寄与する

基本理念
1　医療的ケア児の日常生活・社会生活を社会全体で支援
2　個々の医療的ケア児の状況に応じ、切れ目なく行われる支援
　→医療的ケア児が医療的ケア児でない児童等と共に教育を受けられるよう最大限に配慮しつつ適切に行われる教育に係る支援等
3　医療的ケア児でなくなった後にも配慮した施策
4　医療的ケア児と保護者の意思を最大限に尊重した施策
5　居住地域にかかわらず等しく適切な支援を受けられる施策

国・地方公共団体の責務

保育所の設置者、学校の設置者等の責務

支援措置

国・地方公共団体による措置
○医療的ケア児が在籍する保育所、学校等に対する支援
○医療的ケア児及び家族の日常生活における支援
○相談体制の整備　○情報の共有の促進　○広報啓発
○支援を行う人材の確保　○研究開発等の推進

保育所の設置者、学校の設置者等による措置
○保育所における医療的ケアその他の支援
　→看護師等又は喀痰吸引等が可能な保育士の配置
○学校における医療的ケアその他の支援
　→看護師等の配置

医療的ケア児支援センター（都道府県知事が社会福祉法人等を指定又は自ら行う）
○医療的ケア児及びその家族の相談に応じ、又は情報の提供若しくは助言その他の支援を行う
○医療、保健、福祉、教育、労働等に関する業務を行う関係機関等への情報の提供及び研修を行う　等

施行期日：公布日から起算して3月を経過した日
検討条項：法施行後3年を目途としてこの法律の実施状況等を勘案した検討
　　　　　医療的ケア児の実態把握のための具体的な方策／災害時における医療的ケア児に対する支援の在り方についての検討

図 3-1　医療的ケア児及びその家族に対する支援に関する法律の全体像

厚生労働省：「医療的ケア児及びその家族に対する支援に関する法律」について．https://www.mhlw.go.jp/content/12601000/000794739.pdf（2024年9月10日アクセス）

保育所等における医療的ケアの実施者

特定行為
一定の研修を受けた保育士等も認定特定行為業務従事者として実施可
・たんの吸引（口腔内，鼻腔内，気管カニューレ内）
・経管栄養（胃ろう又は腸ろう，経鼻経管栄養）

特定行為以外
看護師等の免許を有する者が実施

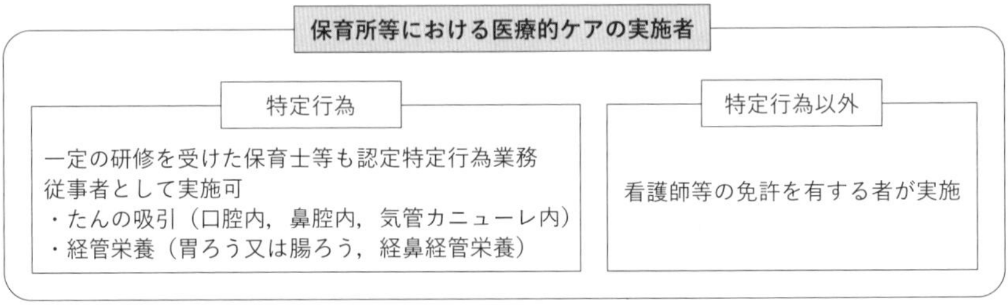

図 3-2　保育所等において保育士等が行うことができる医療的ケアの内容と範囲

保育所等における医療的ケア児への支援に関する研究会：保育所等での医療的ケア児の支援に関するガイドライン．p.7, 令和2年度子ども・子育て支援推進調査研究事業「保育所等における医療的ケア児の受け入れ方策等に関する調査研究」, https://www.mizuho-rt.co.jp/case/research/pdf/r02koso-date2020_0103.pdf （2024年9月10日アクセス）

2 医療的ケア児の保育所での生活

医療的ケア児を保育所で受け入れるにあたり，保育士はもとより看護師の役割が大きい。保育士と看護師は，医療的ケア児にどのような保育および支援・配慮を行っているのか。ここでは，東京都八王子市にある打越保育園に在園する2名の医療的ケア児の保育所での生活について紹介する。

1 個別支援計画

医療的ケア児が保育施設で生活するにあたっては，個別支援計画をもとに保育を実施することになる。表3-1は4歳児Iくん，表3-2は3歳児Aくんの個別支援計画とその反省の一部である。

表 3-1　4歳児Iくんの個別支援計画の一部

2024年度　1期　長期・短期指導計画　K組　名前　I・A		園長	担任 O先生
長期目標	様々な生活や遊びの経験を通して，必要なことを身につけ，表現することを楽しむ。多様に身体を動かして遊ぶ楽しさを味わう。		
養護・教育 生命 情緒 健康 人間関係 環境 言葉 表現	短期目標	環境構成・配慮事項	
	新しい保育者，環境に慣れ，親しみを感じて安心して過ごせるように，丁寧な声かけ，保護者とのコミュニケーションをしっかりとっていく。	朝の支度等，やることが決まっているものは取り組む順番を決め，ルーティン化していく。衣類の着脱。上ばきの脱ぎ履き等の支援を減らしていく。	
	食事 手づかみ食べを減らす。 詰め込みすぎないようにする。	食事 食事中，目をはなしすぎないようにする。	
反省	＜4月＞ 朝の支度が4月初めに比べると，スムーズになっている。言葉での促しだけでは難しいので，伝え方に工夫が必要かと思う。	＜5月＞ くつ下，上ばきの脱ぎ履きが上手になってきている。不器用なため，くつ下が難しい。うまく履けるように教えていく。	＜6月＞ 促しは必要だが，朝の支度，着替えは少しずつ，スムーズにできるようになっている。
	食事 基本的にはスプーン，フォークで食べている。大きい物を小さくするのが難しいようなので教えていく。	食事 詰め込むことが時々あるので注意する。飲み込んでから，口に入れることを教える。	食事 苦手な食べ物も試すようになってきている。詰め込みには，引き続き注意が必要。

28 第3章 医療的ケア児との共生について考える

表3-2　3歳児Aくんの個別支援計画の一部

令和6年度　1期　長期・短期指導計画　H組　名前　A・A			園長	担任
				F先生
長期目標	体調や体力に配慮し, 安全で健康的に過ごすことができる。 進級の喜びを感じ, 変化に喜びや肯定的な気持ちを持つことができる。			
養護・教育 生命 情緒 健康 人間関係 環境 言葉 表現	短期目標		環境構成・配慮事項	
	・安全に園での生活を送ることができるよう環境設定を行う。 ・生活リズムの変化に慣れることができる。 ・身のまわりのことを自分でやってみることに意欲を持つことができる。		・クラスでの, 生活時の全体と児の反応, 動線の観察を行い, 必要時, 環境設定の変更を行う。また, クラス担任と情報共有を密に行う。 ・見通しがわかるような言葉かけを早めに行う。 ・前向きな気持ちで行動できるよう, 時間設定に配慮する。	
	食事 介助・見守りでむせ込みなく, 全量の給食を摂取することができる。		食事 一口量の調整のため, 介助食べを基本とする。食べ物の口腔内残渣を減らすため, 交互嚥下をこころがける。	
反省	＜4月＞ RSウイルス感染・咳にて欠席が続き, 4月は6回の登園であった。環境や生活リズムにまだ慣れないことが多い様子。安心して過ごせるよう配慮に心がける。	＜5月＞ 感染症ではないが, 咳・涙が続いている。気温差もあり体調が落ち着かない様子。引き続き体調に配慮し, 無理なく過ごしていく。クラスの生活リズムには慣れてきており, 朝のしたくは担任の声かけ, 介助でできている。	＜6月＞ 体育指導にも参加し始め, クラス全体の動きや活動に沿ったうごきになってきている。肝生検予定であったが, RSウイルス感染のため延期。気温も高い日が多くなっているため, 体調への配慮を継続していく。	
	食事 汁物の具以外はおおむね完食することができていた。引き続き, 誤嚥がないよう対応を継続し, 苦手な食べ物を少しでも口にできるよう前向きな声かけをしていく。	食事 大きな変化なし。給食中, ほぼむせ込みなく摂取することができている。	食事 完食できる日が多く, 給食中に眠くなることも減ってきている。覚醒している状態で食べられているから交互嚥下でなくても口腔内残渣はほぼなし。	

2　一日の流れ

　Aくん, Iくんとも, 通常クラスでほかの子どもたちと同じように一日が始まる。担当する保育士または看護師がそれぞれの活動を見守り, 必要に応じて支援を行うが, 基本, クラスの子どもたちと活動内容は一緒である。それぞれ

医療的ケアが必要な時間だけ，通常の保育から一時的に離れるが，それが終わるとクラスに戻り，クラスの子どもたちの中に戻る。表3-3，表3-4は2人のある一日の生活の流れである。

表3-3　K組　Iくんの一日の生活の流れ

時間	Iくんの動き	保育士の動き・環境・配慮
9:15	登園 自由遊び	入り口近くにかけてあるボードを渡し，導尿セットを受け取り，受け渡し確認のボードに保護者，保育士がサインをし，受け取り確認をする。袋（カレーパンマン）にボード，導尿セット，オムツ2枚を入れ，元の位置に掛けておく。
9:50	朝の会	コップ→シールの順で支度。
10:00	クラスの主活動 （運動会練習，外遊び） 室内遊び	フラフラして座らないので，興味のありそうなオモチャのところへ誘導したりする。様子を見ながら歩かせるか，席に座って遊ばせるか判断する。クラス活動には，様子を見て，自分でできるところは自分で，援助が必要であれば援助して参加。難しいときは新館や園庭で自由遊び。
10:50	導尿の為，新館へ移動 （1F 子供用トイレ）	補助として，頭側から両手をおさえる。
11:40	給食	支援児用食器大・中・両手持ちスープカップ，フォーク，スプーン（黄）をホールから持ってくる。手づかみ食べ，詰め込みに注意。
12:30	午睡	着替え，バスタオルをロッカーからベッドへ持っていく。
14:50	導尿の為，新館へ移動	14:45に声かけして起こす。
15:10	おやつ	食べなかったときのみ，帰りに保護者へ知らせる。
15:30	お迎え	※外遊び時，石や砂を口に入れること有り ※ルクミー連絡帳にて，金曜日に翌週持参してもらうオムツの枚数をお知らせする。20枚/週

30　第 3 章　医療的ケア児との共生について考える

表 3-4　H 組　A くんの一日の生活の流れ

時間	A くんの動き	看護師の動き・環境・配慮
8:20	登園 朝のお支度 ・シール帳 ・コップを出す ・体操ズボンに着替える （クラスに準じて） トイレに行き，布パンツへ 履き替え クラスの活動に参加	・酸素モード「2」の確認（酸素濃縮器）。 ・物品受け渡し表にサイン。 ・お支度は何をするかわかっているが，一人で難しいため補助が必要（看護師出勤前のため保育士が担当）。 ・尿意はありそうだが，トイレは訴えないため，クラスの子どもたちと同じタイミングで誘導。 ・座っての活動（制作など）に酸素機械充電。
11:10	新館へ移動 ・新館トイレにて紙パンツへ 履き替え	
11:25	給食食べ始め	※給食時の注意点は＜給食について＞を参照
12:00	食べ終わり	
12:15	午睡	看護師にて酸素ボンベ切り替え。 ホール前にあるバギーを新館まで移動させておく。
14:45	起床	おやつは食べずに帰るため，補水のみ行う。
15:00	お迎え 新館にお迎え	受け渡し表にサイン。 酸素ボンベの残量が 10 を切ったら，ルクミ連絡帳にて持参のお願いをする。

＜給食について＞

・大きめ刻みで提供。

・自力で食べられますが一口量の調整が難しいので，給食中は見守り必要。

・1 食食べきるのは体力的に難しいので，手が止まりがちになったり，眠りそうになったら補助が必要。30 分で食べ終われるよう補助が必要。

・不調のときや眠いときは，口の中に食べ物が残りがちなので，食べ物→飲み物→食べ物と交互にあげると残りにくい。

・とろみは薄いとろみ（スプーンを傾けるとすっと流れ落ちる程度）。

3．医療的ケア児と一緒の保育実践　31

3 Iくん，Aくんの保育実施にあたっての留意事項

　保育所での医療的ケアは，医師の指示書どおりの対応を実施することになる。

　Aくんは，医療的ケアとして酸素投与を常時行っている。基本的に通常クラスで活動するが，担当看護師がAくんに常時付いて保育を行い，疲労状況や体調を見ながら活動内容を適宜調整している。また酸素チューブがあるため，看護師または保育士が常時見守っている。活動時には受電式の酸素濃縮器を使用しているが，睡眠時は呼吸が変化するため，午睡時に酸素ボンベの切り替えが必要で，嚥下障害疑いがあり，誤嚥リスクがあるため，落ち着いた環境で食事ができるよう給食時に別室へ移動する。食事は誤嚥予防として，全介助である。移動は，フリー歩行も可能だが，酸素チューブの外れやチューブによる転倒防止のため，手つなぎ歩行を基本としている。

　Iくんは，医療的ケアとして，11時と15時に導尿が必要である。通常クラスで日々活動しており，担当保育士が常時付いている。給食は通常クラスで皆と一緒に食べる。口に詰め込みすぎたりするので，見守りが必要である。午睡は通常クラスで皆と一緒に午睡する。移動は，フリー歩行が基本であるが，時々手つなぎ歩行を行うこともある。

3 医療的ケア児と一緒の保育実践

　ここでは，打越保育園のクラス担任，担当保育士，看護師，保護者のそれぞれの視点から，4歳児Iくんと3歳児Aくんの保育の実際と保育実践を通した変化，またその周りの子どもたちの変化について見ていきたい。

1 Iくんのケース

1) 保育での支援や配慮について

　○先生（担当保育士）

　「主治医からの指示で，今，腹圧をかけてはいけないからトイレトレーニングはしないでくれと言われています。成長・発達のために取り組んだ方が良い

と思うことが，体の状態で制限が入ったりするので，伸ばしたい部分を伸ばしてあげることが難しいジレンマみたいなものはあります。医療的ケアでは，看護師の先生がこちらの保育の様子を見ながら対応下さるのでとても心強いです。導尿のため部屋を移動する際，いつもは保育士がIくんを連れていくのですが，保育士の人数が少ないときは，看護師の先生が『時間に迎えに行くね』と声をかけてくれたりとか，気づいて動いて下さるのはやっぱりプロだなと思います。毎朝，看護師の先生とロッカーで言葉を交わす機会があって，看護師のFK先生から連絡帳アプリで（保護者からの連絡で）わかっている情報を知らせてくれますので，連携がしっかり取れていると感じます」

FK先生（看護師）

「Iくんの導尿は，日頃は担当の先生が新館に連れてきてくれて導尿を行い，また連れて帰ってくれます。担当の先生がお休みのときは私が迎えに行って，終わったら連れて行くっていう形ですね。あとは，Iくんのお迎えのときに，ママに会えたら病院での話を聞いたりしています」

2）友だちからの影響・友だちへの影響

O先生（担当保育士）

「上履きを履くとき，（先生に）履かせてほしいという仕草をするんですけど，友だちが自分で履いていたりすると，それを見て自分から履いてくれます。また，友だちが本を読んでいたりすると，Iくんも覗き込んだりするんですね。そうするとすぐにバンと本を閉じちゃう子もいるので，そこでIくんに『見せてって言えば見せてくれるよ』と教えて，それを言ってみると，友だちが見せてくれたりする。そういうやり取りから，コミュニケーションの方法を覚えて，自分がしたいことを相手に伝える必要性みたいなものを感じてもらえるといいなと思います。それと，やっちゃいけないことを知ることも大切で，子ども同士だと容赦なく，はっきり○×が示されるからわかりやすいし，保育園ならではというか，友だち相手ならIくんも怒らないところもあって，自分を納得させることや自分の気持ちを抑えるっていう訓練にもなっているのかなと思います」

Iくんの保護者

「クラスに30人ぐらいいるので，その中で一緒に入ってやっているのがす

ごく刺激になっているようです。ほかの子と同じことをしようとか，逆に自分が違うことをしていたら，『あれ？　どうしよう！』と感じている様子が見られます。また，朝登園してくつを脱いで，自分のくつを（下駄箱に）しまってという，彼なりにルーティンが大事なようで，これをやったら次はこうといった通りにやりたいというのがあります。すごいのは，保育園でやっていることを家でもするようになり，玄関にきたらくつを脱ぐようになりました。やはり保育園の影響かなと思いますね。みんなと一緒にやっている効果はすごく高いですね。Iにとっては，保育園は頑張るところ，頑張る場所のようなんです。お友だちと一緒のことをやる環境で，何でもみんなと一緒なんです」

3）保育実践を通してみえたこと

　保育士や看護師の先生方の支援・配慮のところで，O先生は「ちょっと様子がおかしかったらすぐ看護師が来て下さる環境があるので，すごく安心して保育ができます。医療的なところだったら看護師が保護者と話をして下さり，それを聞いて情報共有します。保護者の方と連絡帳アプリや送迎時などを活用して，Iくんについて情報共有できているのはよいと思います」と話していた。またIくんの保護者は「連絡帳アプリは看護師さんも見ているのですごく助かっていますね。送迎の際に看護師さんが外に出てきて，話しかけて下さると気にかけていただけているんだなと心強くなります。手術のことや通院に関して伝えておかなくちゃいけないことがあるときは，直接保育士さん，看護師さんと私が話せる場を設けていただいたりして話しやすい環境があります」と話していた。

　Iくんの保育実践にあたり，保育士と看護師がそれぞれの専門性を活かした保育支援を実施するため，日頃から互いに情報共有しながら連携を図っていること，また連絡帳アプリの導入により，全職員が子ども一人ひとりの情報を共有しやすい環境があること，そして保育士と看護師がそれぞれの専門性を活かした保護者との関わりを日々行うことで，「風通しのよい連携」が生み出されており，それがIくんの保育実践に活かされていた（図3-3，図3-4）。

図 3-3 自分で靴下をはく I くん　　図 3-4 すべり台で遊ぶ I くん

2　A くんのケース

1）保育での支援や配慮について

W 先生（クラス担任）

「みんなが書いたりするときに、指先の力が弱く同じようにできないときには、(代わりに) 何かを貼ったりとか。さらに難しい内容のときには、特別ルールを設けて、A くんは捕まってもセーフみたいにして。A くんだけ保育の内容を変更することはほぼないですね。その内容の調整にあたっては、基本的に大まかに一日の流れを決めた上で、その中で（A くんが）難しそうだと思われるものは、私と担当の F 先生でお互いに事前にピックアップしておいて、すり合わせてやっていく感じです。例えば、椅子体操であれば、所々難しい場面があるので、実際にやりながらこれは難しいかなという場合は、担当の先生と相談して、ここはこうしようとか、お友だちにここは手伝ってもらおうとか、という形で進めています。ですので、A くんだけの保育内容を展開しているわけではなくて、他のお子さんと同じ保育を展開しながら、そこで不得手なものやあまり取り組みたくない気持ちのときだけ、物を変えたりやり方を工夫したりして、できるだけ一緒の保育を実践しています」

FS 先生（担当看護師）

「看護師ですが、A くんの保育も担当しています。生活の中に医療がある子

をお預かりしているので，医療のところだけを切り取ってしまうのではなく，医療的ケアを含めＡくんが保育園にいる間はそばで見ることがＡくんの保育になると思っています。普段の生活のことを知らないと医療的な面でも，例えば疲れている姿とか呼吸状態がどういう状況なのかなど気づきづらいと思います。なので，Ａくんの場合はクラスの中に入って保育をして，また医療的な面もみるっていうのが自然なのかなと感じています。保育士さんと看護師がいかに同じ情報を持てているか，体の面だけじゃなくて成長の部分であったり，日々の業務的な時間の配分なども含めて，連携は大事だと思います」

　Ａくんの保護者

　「保育園の連絡帳としてアプリが導入されています。保育園でプール遊びができない場合，息子にも水遊びは×だからと伝えるのですが，その内容を連絡帳でも伝えます。それを先生が確認して下さり，『ママから言われている通り，今日は水遊び×だよ』と先生からも息子に伝えて下さるので，連携が取れてとても助かります」

2）友だちからの影響・友だちへの影響

　Ｗ先生（クラス担任）

　「周りの子どもたちは，言葉というより，（Ａくんを）見てだんだん理解してくるようになっています。Ａくんは酸素が入っているので，その酸素のチューブが引っかからないように気をつけてくれたり，Ａくんが（一人で）どこかに行ってしまうとチューブが取れてしまうこともちゃんと理解して，子どもたちが『先生，Ａくんどっか行っちゃうよ！』とか教えてくれるときもあります。そういう子ども同士での気配りとか，気持ちが芽生えるというのがすごくいいなと思っています。Ａくんが病気でしばらく登園できなかった後，久しぶりに登園したときにみんなが（Ａくんに）声をかけてくれたりすると，Ａくん自身もとても嬉しそうにしていて。また，まだ歩くことができなかったとき，歩いているお友だちを見てＡくんも立とうとする姿，頑張ろうとする姿があって。2歳になって，ちょっと言葉も出てくるようになったときに，Ａくんが何か言っているのをお友だちが聞き取って，『（Ａくん）何とかって言ってるよ』と教えてくれたんです。お友だちが伝えてくれるところを（Ａくんが）見聞きして，Ａくんも自分の話を聞いてくれている子がいるというのを感じて，また

一生懸命何かを喋ったりする姿を見ていると，すごく保育園は子どもたちにプラスになっていると思います」

FS 先生（担当看護師）

「周りの子どもたちが『なんでAくん（チューブを）お鼻につけてるの？』とか，『なんでご飯のとき（別の場所に）行っちゃうの？』と聞いてきます。酸素については，『Aくん今元気でしょ。でもこれがないとちょっと苦しいんだよ。これがあるから元気でいられるんだよ』と説明すると，ちゃんと受け入れてくれて，優しくできる。ケンカをしたりする子もいるんですけど，Aくんには誰もそういうことはしないし，逆に席を譲ってくれたりとか，すごく優しい気持ちを持ってくれている。そういう存在になっているのだと思いますね」

Aくんの保護者

「最近は家では使っていない言葉を急に口に出すようになったり，走り回るようになって。そういうのはお友だちの影響かなと感じますね。同じ年齢の子どもたちと一緒にいるのは刺激がすごくあるようで，保育園に行ってから，急に立つようになって，歩くようになって。言葉を話すとか体を動かすようになったのも最近なんです。また何か楽しいテレビを見て，一人で笑っていることが増えて，内容はわかっていないのかもしれないんですけど，みんなが笑っているから楽しいとか，そういう感情がわかるようになってきているとすごく感じます。近頃，自分のことを『A』と（名前で）呼ぶようになったのも本人からで，『Aも欲しい』と言い始めたんですよ。やっぱりそういうのは，みんなと一緒にいるからだと感じます。あと先生から，『今は静かにしなきゃいけないときに，言葉の意味はわからなくても，空気を読んで静かにしなくてはいけないんだというのが少しずつわかるようになってきました』というお話があって，社会性のような部分も保育園で身につけたと思います」

3）保育実践を通してみえたこと

保育士や看護師の先生方の支援・配慮では，医療的ケアはAくんの保育の一側面と捉えており，「医療的ケアがあるからできない」という思考はなく，むしろ「医療的ケアをしながらみんなとできることを考える」というものであった。W先生は，「Aくんとともに生活することで，クラスの子どもたちは園外のどこかで医療的ケアが必要な方と会ったとき，Aくんを理解しているか

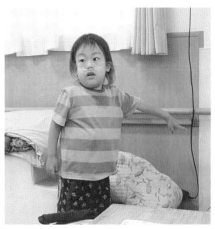

図3-5 椅子体操を頑張るAくん　　図3-6 「これ取って！」と先生を呼ぶAくん

らこそ自然に接することができると思います。ですので，クラスの子どもたちにとってもプラスの効果が多いと感じています」と話しており，またAくんの保護者は「スーパーなどで『ありがとうございます』と自分で口に出したりするようになりました。社会性という部分も保育園で成長しています」と話していた。

一日の生活の中で，クラスのみんなと同じように保育の流れに沿ってできることに取り組み，友だちが関わってきてもそのまま受け入れるAくんの姿は，いつも自然体であった。またクラスの子どもたちは，医療的ケアの部分も含めすべてをAくんの個性としてそのまま受け入れていた。クラスの全員が，自然体で共に生活する姿は，まさにインクルーシブ保育を実践するものであった（図3-5，図3-6）。

3　受け入れにあたっての取り組みとその課題

打越保育園園長の光宗先生に医療的ケア児の受け入れについてお話をうかがった。

「私は医療的ケア児の受け入れを怖いと思ったことはないです。看護師さんは対応をわかっているので，今まで困ったなということは特にないです。ただ

し，万が一を想定して，医療的ケア児ごとに，緊急の場合にはどこの病院を受診するのか，担当のドクターは誰なのか，保護者に全部書いてもらっています。入園してくる医療的ケア児は，基本，ドクターから通園を許可されている子どもたちで，どんな医療的ケアが必要なのかはドクターの指示書があるし，その確認を取っているから怖いと思ったことはないですね。それよりも怖いのは乳幼児突然死症候群（SIDS）です。亡くなる頻度は SIDS の方が高いです。

　医療的ケア児を受け入れるにあたって，難しいところは看護師の確保とその見通しですかね。例えば，0 歳児や 1 歳児の医療的ケア児が入ってくると，5 〜 6 年間は在園する可能性があるといった見通しができるけど，医療的ケア児がいなければ，看護師の仕事がなくなってしまうので，そのバランスをとるのが難しいです。現在，看護師は 2 人いますが，医療的ケア児と他の障がい児をあわせて 17 〜 18 名が在園しています。日によって保育士が足りないという場合もあり，懸念がいつもあります。また医療的ケアを行うには，看護師や保育士が多く必要になるので，その人の確保と予算の確保が課題です。国や市から支給される補助金の仕組みを改善してもらわないと，現場は運営できなくなります。近年，少し改善しましたがいつも大変です。

　打越保育園では，医療的ケア児を含む障がい児を隔たりなく保育しているので，差別をしない子どもになってほしいと願っている保護者が，この園を選び，入園しています。入園前の見学のときに医療的ケア児や障がい児と一緒に保育生活することを伝えています。ある程度，理解してくれる方が入園していると考えています。うちの園には，医療的ケア児のほかに様々な障がいの子がいますが，そういう子がいて当たり前だとそんな風に考えてもらいたいです。ここにいる子どもたちは，偏見や差別を持たないんですよね。何が正常？　何が普通？　そういうのを持っていません。みんなお友だち。私は自然の形だと思っています。これが世の中の普通なんです。普通の状態なんです」

　医療的ケア児の受け入れにあたり，打越保育園の取り組みから，保育士や看護師の専門性を活かした一つの取り組みの在り方が示された。だがその背景には，継続した受け入れを続けていく中での，保育士や看護師の人の確保とその予算の確保の難しさが課題としてみえた。

参考文献

厚生労働省:「医療的ケア児及びその家族に対する支援に関する法律」について. https://
www.mhlw.go.jp/content/12601000/000794739.pdf(2024年9月10日アクセス)
保育所等における医療的ケア児への支援に関する研究会:保育所等での医療的ケア児の支援
に関するガイドライン. p.7, 令和2年度子ども・子育て支援推進調査研究事業「保育所等
における医療的ケア児の受入れ方策等に関する調査研究」, https://www.mizuho-rt.co.
jp/case/research/pdf/r02kosodate2020_0103.pdf (2024年9月10日アクセス)

第4章

インクルーシブな教育実践のための子ども理解
―津守真の思想に着目して―

吉國　陽一

1　社会変革を含む理念としてのインクルージョン

　本章の目的はインクルーシブな教育実践の基盤となる子ども理解の在り方について検討することである。そのために，児童心理学者であり，障害[*1]のある子どもの保育の実践者でもある津守真の子ども理解の思想と実践に焦点を当てる。

　インクルージョンの理念は1980年代末から1990年代初頭にかけてヨーロッパ，アメリカを中心に登場してきたものである。インクルージョンはアメリカでは障害児教育の分野で軽度の障害児を通常教育で指導することを求めたREI（Regular Education Initiative）論争を引き継ぐ形で登場した。一方，ヨーロッパにおいては障害者に限らず，経済的なグローバリゼーションの下で進行した周辺化された貧困層のエクスクルージョン（社会的排除）に対し，社会的正義と公正を求める施策としてインクルージョンの主張が登場している。本章では主に障害のある子どもの理解に焦点を当てるが，インクルーシブ教育は障害のある子どもに限らず，人種的少数者や性的少数者，経済的に恵まれない子どもなど，様々な意味で少数者の立場にある子どもの教育を受ける権利を保障し，教育の場における共生の実現を目的としていることに留意したい。

　日本のインクルーシブ教育の実践は理念的，制度的なレベルで多くの課題を

＊1　本章では，「障害」と表記する。「害」の持つネガティブな意味合いを避けるために表記を工夫する試みの意図は十分に理解し，敬意も表したいと思うが，筆者自身は2つの理由であえて「障害」を使う。第一に，差別の解消は言葉を変えるだけで果たされるのではなく，本章で述べるように差別を内在化した社会におけるものの見方や実践自体を変えなければならないと考えるからである。第二に，後述する社会モデルの視点がある。社会モデルは障害を障害者個人の特性ではなく，社会的障壁として捉え直している。そうした観点からはむしろ「害」の持つネガティブな意味合いをはっきりと認識し，「障害（社会的障壁）」の解消につなげるべきであると筆者は考える。

抱えていることが指摘されてきた。2012年の中央教育審議会「共生社会の形成に向けたインクルーシブ教育システム構築のための特別支援教育の推進（報告）」は「小・中学校における通常の学級，通級による指導，特別支援学級，特別支援学校といった，連続性のある『多様な学びの場』を用意する」[1] ことを要諦とした。しかし，「連続性のある多様な学びの場」という表現の下で実際には障害児と健常児の学びの場を分ける分離教育が温存されていることが，国連障害者の権利委員会による2022年の日本政府への勧告において指摘されている。そこでは，「障害のある児童への分離された特別教育が永続している」こと，「障害のある児童を受け入れるには準備不足であることを理由に，障害のある児童が通常の学級への入学を拒否されている」こと，「特別学級の生徒が通常の学級において授業時数の半分以上を過ごしてはいけない」とした日本政府による2022年の通知等に対する懸念が示されている[2]。以上のような日本の状況は，「万人のための教育」「万人のための学校」という1994年のサラマンカ声明（巻末付録参照）において示されたインクルーシブ教育の理念の実現に向けて，思想的にも制度的にも多くの課題が残されていることを指し示している。

　インクルージョンは障害者に対するそれ以前の施策を表すインテグレーションとの対比で，社会変革を含んだ理念であることが指摘されてきた。教育の場においてそれはカリキュラムや学校制度の変革を意味する。統合（インテグレーション）教育は通常学級のカリキュラム編成法や教授法を大きく変えることなく障害児を通常学級に受け入れることを目指していたのに対し，インクルーシブ教育は通常教育の考え方や運営の仕方を変えて，障害児を含む様々な特別なニーズを持つ子どもすべてを包摂する教育を追求している。サラマンカ声明はインクルーシブ教育が特別なニーズを持つ子どものみならず，「すべての子どもに，そして結果として社会全体に利益をもたらす」ものであること，そうした教育の実現が「すべての人々の差異と尊厳を尊重する人々を中心とした社会のための訓練の場となる」ことを謳っている[3]。インクルージョンを志向する教育の変革が社会の変革にもつながるというビジョンが示されているのである。

　社会の変革はおろか，インクルーシブ教育を実現するためのカリキュラムや

学校制度の変革について論じることも筆者の力量を超えている。本章ではインクルーシブ教育の実現に向けた教師の子ども理解の変革について焦点を当てたい。子ども理解は制度とは違い，教師自身の手に委ねられる部分の大きいプロセスである。一方で，教育の出発点に位置するプロセスでもあることから，教育全体を変革するポテンシャルも持っている。

2 社会モデルの視点と日本の教育におけるその欠如

　障害学から生まれた社会モデルはインクルーシブな教育実践のための子ども理解を支える理論として重要なものの一つである。障害学は障害を分析の切り口として確立する学問，思想，知の運動であり，個人のインペアメント（損傷）の治療を至上命題とする医療的な枠組みからの脱却を目指す試みである。社会モデルは身体機能的なインペアメントとそれに起因する能力障害として障害を理解する医学（医療）モデルに対する批判から生まれたものであり，インペアメントを持つ人を社会的に排除し，不利な立場へと追いやるディスアビリティ（社会的障壁）を障害として捉え直すことを目指している。ディスアビリティを削減し，障害者を抑圧する社会の在り方を問い直し，変革することを目指す点において，障害学と社会モデルの視点はインクルージョンの理念と親和的な側面があるといえる。

　社会モデルの基本的な考え方は以上のようなものであるが，障害を社会との関係性において考えるにあたり，理論的，実践的になお整理すべき点が残されている。星加は社会モデルによる障害と社会の関係について，以下の3つのレベルで整理している[4]。

① 障害はどのように生じているか？
　→ 「社会的障壁」（発生メカニズムの社会性）
② それを解消するために何ができるか？
　→ 「社会的障壁を取り除く」（解消手段の社会性）
③ 解消の責任を負う主体は誰か？
　→ 「社会の責務」（解消責任の社会帰属）

①は障害を理解する在り方（認識論）に関わるものであり，②と③は社会を

変革する実際の行動の在り方（実践論）に関わるものである。星加は近年の社会モデルが政策や運動のレベルで注目を浴び，使用される中で，②，③の位相のみに焦点が当たり，①の視点が抜け落ちてしまっていることに警鐘を鳴らしている。障害者のおかれている社会的地位を問題化し，その是正を図る上で②，③が重視されることにはある程度の必然性がある。しかし，星加は社会モデルの要諦はあくまで発生メカニズムの社会性であり，その位相で医学モデルを温存してしまうことは障害者をその機能障害ゆえに劣った存在として認識し続けることになると述べる。障害の原因を個人にあると考えることで障害者支援やバリアフリー化が障害者の「個人的」問題への「社会的」対処という温情主義的な色彩を帯びてしまう。このことは③の位相における責任を空洞化させる。また，現状変革の動機づけや変革コストへの許容性が低下することで②の解消手段も限定的になるという[5]。

　西倉は星加による上記の枠組みを引き継ぎながら，星加がいう障害の発生メカニズムにおける社会性を軽視することが具体的に何を意味し，どのような問題につながるかを論じている。西倉は脳性まひにより自筆が困難なＢさんが投票の際，本人の意思に反する投票が行われる不正を防ぐことを趣旨とした公職選挙法を理由に投票用紙に代筆する補助者を「投票所の事務に従事する者」に限定された事例を取り上げている。Ｂさんはこうした対応を投票の秘密を侵すものとして訴訟を起こしている。西倉はこの事例を既存のルールや慣行がマジョリティの主導権によってつくられるという点で，障害の発生メカニズムにおける社会性を表すものとして取り上げている。不正防止という公職選挙法の趣旨は一見中立的なものに思えるが，障害のあるＢさんの投票の秘密を事実上侵している。障害者の選挙権の行使と公正な選挙という価値の緊張関係がここには含まれているが，そうした緊張関係がマジョリティには意識されず，ルールや慣行の成立において無自覚のままマジョリティの利益を優先した選択がなされているのである。西倉はこれまでの社会モデルがエレベーターの設置や情報保障の不足といった外在的な障壁を問題化することには成功してきたが，マジョリティの特権への無自覚さや内面化された価値観については十分に語ってこなかったと指摘する。マジョリティにとって無自覚で当たり前となっているルールや価値観のレベルで社会を変革するためには星加のいう障害の発生メカ

ニズムにおける社会性を認識することが不可欠の前提になるのである[6]。

　本章で子ども理解に焦点を当てるのは，社会モデルの中でも星加のいう障害の発生メカニズムにおける社会性を問題化するためである。日本の教育においては社会モデルの視点，とりわけ障害の発生メカニズムにおける社会性を意識化する視点が十分に浸透しているとはいえない。篠宮は LD（学習障害）の文部科学省定義（1999 年）の作成過程において，生物学的原因論に基づくアメリカモデルと社会モデルに基づくイギリスモデルが比較衡量され，前者が選択される過程を明らかにしている。篠原はアメリカモデルが選択された理由として，生物学的原因論を据えることで LD が普通学級の教育では指導できないことを明確に打ち出せるという点や，社会モデルの採用により学校のキャパシティをはるかに超える要支援児童が発生することへの懸念をあげている[7]。制度的な理由から障害の発生メカニズムの社会性への視点を閉ざしてしまっているのである。そして，LD に該当する子どもを普通学級から分離することを前提とした議論が行われていたことにも注目したい。社会モデルの視点の欠如はインクルーシブ教育の未成熟にもつながっているのである。

　以上のような状況を踏まえ，次節では社会モデルの視点を教育実践において活かすための手がかりとして，児童心理学者でありながら，自身も実践者として障害のある子どもの教育に携わってきた津守真の子ども理解の思想と実践について検討したい。

3 津守真の子ども理解の思想と実践

1 理解することは変化することである

　津守は児童心理学の研究者としてそのキャリアを開始した。1951 年にお茶の水女子大学に着任し，その年からミネソタ大学児童学研究所に留学して D.B. ハリスのもとで学んでいる。津守が稲毛，磯部らとともに考案した『乳幼児精神発達診断法』は子どもへの検査ではなく，家族に子どもの様子を尋ねることによって発達診断を行う点に特徴がある。これは現在に至るまで発達診断法として広く知られ，用いられているものである。しかし，『乳幼児精神発

達診断法』を 1965 年に刊行後，まもなくして津守はこの診断法について批判
的に捉え直すようになり，心理学の客観主義的アプローチの有効性について疑
問を抱くようになる。研究者が設定した枠組みの中で外的行動を観察するだけ
では内的体験を伴う発達の過程を捉えることができないと津守は考えた。こう
した研究方法における転換を津守は自らの保育研究における「転回」と呼んで
いる。本章で注目する津守の子ども理解の思想と実践は「転回」の過程を経て
育まれてきたものである。

　津守の研究における「転回」をもたらした背景として，彼が研究者としての
キャリアの初期から愛育養護学校（現愛育学園）において障害のある子どもの
保育に実践者として携わってきたことは重要な意味を持つ。愛育養護学校は日
本で初めて幼稚部を持つ養護学校であり，戦前に設立された知的障害児を対象
とする日本初の保育施設である愛育研究所異常児保育室を前身としている。愛
育研究所異常児保育室は第二次世界大戦の影響で 1944 年に閉鎖された後，
1949 年に「特別保育室」として再開している。その際，愛育研究所で教養相
談を担当していた津守が「特別保育室」の担当となっている。以後，津守は愛
育養護学校の実践に関わり続けているが，1983 年にはお茶の水女子大学を辞
して校長に就任し，1995 年まで校長を務めた。日本における障害のある子ど
もの保育に先駆者として携わってきたことが，研究者でありながら当時の学問
における支配的な枠組みにとらわれない津守の柔軟な思想を生んだといえる。

　では，津守の子ども理解とはどのようなものか。津守は主著『保育者の地平』
の第四刷から「障害」を「障碍」という表記に改めているが，その理由を障害
の害は害毒の「害」であるが，子どもたちは何も害毒を流していないからであ
ると述べている。津守によれば「碍」は妨げの石という意味であり，目から石
を取り除けば障碍は障碍でなくなる[8]。津守のこうした考え方は障害の発生原
因を個人ではなく，社会の側にあると考える社会モデルと響き合うものであ
る。津守は理解することの意味について以下のように述べる。

　　理解の本質は自分の向きを変える意志である。理解するとは知識の網の目の中
　　に位置づけることではない。自分が変化することである。そのとき自分は他者
　　に対して相対化される。自分を絶対化するときには知性は失われる[9]。

　対象である相手をどのように捉えるかではなく，主体である自分の変化を理

解が成立する要件としている点に津守のユニークな発想をみることができる。「知識の網の目の中に位置づける」とはこの場合，常識的，定型的な他者理解はもちろんのこと，科学的な診断や分類の営みも含んでいる。例えば，津守は子どもの行動を「落ち着きがない」といった定型的な概念で意味づけることが先入観となり，子どもの理解を妨げるという。また，津守は心理学者として子どもの行動を攻撃的，自閉的というように分類していたときの自らの研究の在り方も子どもの心の表現としての行動の理解を可能にするものではなかったと振り返っている。

　素人の通俗的な見方であれ，洗練された科学の視点であれ，子どもの内的世界に対して外部から理解のための枠組みを押しつけることはいずれも「知識の網の目の中に位置づける」行為である。津守は科学的研究において一般的に行われるように子どもを客体化するのではなく，子どもとともに生活をし，交わることを通して子どもの内的世界に触れることが理解において必要だという。そうすることで自らの枠組みが「相対化」され，子どもの理解が自分自身の変化につながるのである。既存の社会的枠組みに根ざすものの見方を「障碍」における妨げの石と考え，変化させることを目指す点において，津守の思想は社会モデルの視点に通じるものであるということができる。

2　理解の主観性と妥当性の両立

　理解をめぐる津守の思想は先述のように，障害のある子どもの保育に実践者として関わってきた経験に支えられているが，同時に専門である心理学の範囲にとらわれない多様な学問的バックグラウンドの賜物でもあった。それらをすべて網羅することはできないが，ここでは特にオットー・フリードリヒ・ボルノウの精神科学的認識論とエリク・エリクソンの臨床的エビデンスについての視点を重要なものとして取り上げたい。

　津守が客観主義的アプローチでは子どもの心を捉えきれないと考えたとき，方法論として注目したものの一つがシュライエルマッハー，ディルタイ，ガダマーらによる精神科学の伝統であった。その中でも，「著者が自身を理解していた以上に彼を理解すること」というボルノウの論稿に津守は着目し，子どもの遊びをボルノウのいう表現としての無意識的創造になぞらえている。

子どもは，その世界を遊びの行為に表現するが，それは子どもが無意識の中で行う創造的作品ともいえる。おとなは，その表現を手がかりにして，子どもの世界を理解する。子どもは自分自身の心の願いを，自分でも十分に理解していない。おとなが理解することによって，子どもは次の段階へと心的発展をする[10]。

　津守は遊びのように自由で子どもの内的世界を表現するような行為は客観主義的アプローチでは理解できない無意識の表現と考える。津守が参照するボルノウは「表現」を「目的行為」との対比において定義している。「目的行為」は最初から意識されている目標を計画的に遂行する。「目的行為」の主体は自らの行為の意味を理解している。他方，「表現」においては創造者自身が意識しなかったことが無意識の生の深みから創造される。人間は「表現」において無意識に創造するために，著者自身にも明らかになっていない意味を明らかにしてくれる理解的解釈者を必要とするとボルノウはいう。ボルノウによれば，理解される者と理解する者は理解の過程において精神発達の相互交錯的な経過の中に組み入れられているのである[11]。

　津守が大人に理解されることによって子どもが心的発展を遂げるというとき，ボルノウのこうした主張を念頭に置いている。大人はあらかじめ教育目的を設定せずとも，子どもの無意識の表現を理解し，応答することを通して子どもの発達を促すことができるのである。ただし，理解がボルノウのいう「表現」に向けられている以上，子どもの「表現」が十分に保障される教育実践が行われることが前提となる。津守は子ども理解の前提として理解するに足る子どもの行為をつくり出すことが必要であるという。それは，子どもの悩みや本心が表現されるような，子どもらしい生活をつくり出すことである。津守はそうした子どもらしい生活と対比されるものとして，子どもに何かをやらせてその進度を見ようとするような教育的関わりをあげている[12]。津守の子ども理解の実践は，子どもの自由な表現を許容するような進歩的な教育活動を要請しているのである。

　津守のいう理解は子どもと関わる教育者の主観の関与を避け難く含んでいる。当然ながら，教育者の物の見方や価値観，子どもとの関係性によって理解の仕方が異なるので，子ども理解は多様性に開かれたものになる。しかし，こ

のことは子ども理解が教育者の恣意的な主観に委ねられ，いかなる理解も妥当であるということを意味しない。ボルノウは「精神科学の客観性についての問い」という論文において個人的偶然性に依存し事柄自体との接触に辿り着かない偶然的主観性と，主観性にもかかわらず対象の認識を可能にするような本質的主観性を区別する。ボルノウによれば本質的な主観性においては認識の客観性を危険にさらすことなく，対象との生き生きとした関わりにおいて成立する主観性を認めることができる。ボルノウは認識が事柄に即しているという意味での客観性は精神科学においては自然科学においてそうであるように認識が認識する人間の種々の特性から独立していること（普遍妥当性＝誰もが同じ認識に到達する）を前提としないという。ボルノウは精神科学的な認識が客観性を獲得するための条件として，「事柄の抵抗」に突きあたり，その抵抗に耐える中で自らの認識の現実性を経験することをあげている[13]。

　松田は「事柄の抵抗」を基準としたボルノウの客観性の指標を彼の別の著書である『認識の哲学』における「経験」の概念につながるものであるという[14]。ボルノウのいう「経験」は理解できないものとの出会いの中で自明性が破られ，自覚的な理解以前の未展開な理解である前理解が変化するような出来事である。「経験」において，ボルノウの精神科学的認識論は津守の自らの変化としての理解の思想と響き合う。

　　　経験はむしろ，人間が自分に対し外部からやってくるものを内面化して所有することを知り，それらとともに自分も変化し，そうした経験において成熟した人間の優越性に到達するというふうにして，はじめて生長するのである[15]。

　ボルノウがいう「事柄の抵抗」に突きあたり，それに耐えるということは自らの素朴な前理解の変化を必ず伴うものである。自らの変化を伴う理解という津守の思想はボルノウの精神科学的認識論を保育における子ども理解に応用したものと考えることができる。津守は子どもの行為の意味が理解できずにいる間にも，何か意味があるものと考えて肯定的に受け止め，持ちこたえることの重要性について述べている。大人の前理解に対する子どもの「抵抗」を経て初めて自らの変化としての理解に至ることができるのである。

　子ども理解の妥当性を考えるにあたり，津守がもう一つの理論的参照軸として用いているのが，エリクソンが論文「臨床的エビデンスの性質」において述

べている臨床家の解釈の「正しさ」を判定するためのエビデンスの考え方である。

エリクソンは臨床家が自分の解釈を患者に伝えたとき，臨床家と患者のコミュニケーションが「前に進んで」おり，新しい洞察が生まれ，患者が自らに対する責任をとれるようになっているということが解釈の正しさの根拠になるという[16]。津守はこうしたエリクソンの主張に依拠して，保育においても子どもと保育者の関係性が気持ちよく継続するかどうかが子ども理解の妥当性の基準になると述べる。保育者が子どもに自分の解釈を伝える場合，臨床家のように言葉で伝えるのではなく，行為を通して伝えることが多いが，そのことを通して生まれる子どもとの関係性の中で保育者は自分の解釈の妥当性を確かめることができる。

> 行動は子どもの願望や悩みの表現であるが，それはだれかに向けての表現である。それは，答える人があって意味をもつ。私か，あるいはだれかに。解釈は応答の一部である。解釈がずれているときには，子どもはさらに別の表現を向けてくる[17]。

保育者による子ども理解は主観的なものであり，一人ひとり異なるものであるが，恣意的なものではない。保育者はそれぞれに子どもとの関係性において自分の理解の妥当性を問われるのである。そして，理解することが難しい子どもの行動（ボルノウのいう「事柄の抵抗」）と向き合い，理解できたときには大人の世界観は変化しているはずである。

3 津守の子ども理解の事例―最後を破損する―

津守のいう子ども理解がどのように実践されているかを示す事例を彼の著書『子どもの世界をどうみるか―行為とその意味』から取り上げたい。

津守が関わったH夫という子どもは職員室でお菓子を探す，先生たちの机の上の物をいじるといった行動をしていた。津守はその度に社会常識に従ってH夫の行動に規制を加えようとしたが，H夫は菓子を半分かじって足で踏みつぶす，教材棚から物を全部ひきずりおろしてかき混ぜるなど，激しい反応をみせたという。また，H夫は弁当を食べるときには最後の部分を床にひっくり返して靴で踏みにじっていた。そして，津守が床に落ちた食べ物を拾い，床

をふくとすぐに同じことを繰り返したという。

　津守はこうした日々を重ねながら，楽しく過ごした活動でも最後の部分を自分で破損し，だめにするというH夫の心のテーマに気づいた。そして，H夫が年齢の近い弟との関係の中で落ち着いて遊んでいるときに遊具を取られてしまうことの多いこと，自分との関わりの中で活動を最後までやり遂げることができていなかったことなどを想起した。こうした省察を経て津守はH夫が様々な活動において最後の部分を自分で破損する行為は，生活の中で他者から受動的にされている行為を能動的に表現しているのだと気づいた。H夫は最後を他者にだめにされる前に自分で破損していたのである。

　こうした気づきを経て津守はH夫と一緒にいる時間を最後まで楽しんで活動を終えるようにしたいと考えた。大人にとって大切な物に彼が手を触れたときもすぐに制止するのをやめ，自分も一緒にその物で遊んでみるとかえって破壊的な行為にまで至らなくなった。H夫が弁当の最後の部分をひっくり返したときにもすぐに掃除をするのではなく，少しでも彼の心が安らぐように心がけていたら，数日後には食物を踏みにじる行動はほとんどなくなった[18]。

　弁当の中身をひっくり返すといったH夫の行動は社会通念に照らして受け入れ難い「困った行動」である。しかし，津守がそうした社会通念に基づく常識的な理解でH夫と関わっていたときにはH夫はむしろより攻撃的で「困った行動」によって津守の解釈に抗議をしていた。これはボルノウのいう「事柄の抵抗」といえるだろう。こうした「事柄の抵抗」に直面する中で津守はH夫の側から彼の行動の意味を理解しようと試み，その中で自分の見方を変化させることができた。H夫に対する津守の理解の妥当性は彼が最後を破損することをやめ，物事を満足するまで成し遂げることができるようになったことによって確かめられているといえるだろう。

4　おわりに―インクルーシブな教育実践に向けた示唆と課題―

　本章ではインクルーシブな教育実践に向けて，障害学における社会モデルの視点を活かすための手がかりとして津守の子ども理解の思想と実践について検討してきた。津守の子ども理解は子どもの内的世界に寄り添うことで，既存の

社会的枠組みに根ざすものの見方を相対化し，変化させることを伴っている点において社会モデルの視点と響き合うものである。社会通念に照らして受け入れ難い H 夫の「困った行動」が，そうした社会通念による常識的な理解を H 夫に当てはめることによって助長されていたことを思い出したい。H 夫を社会から切り離す「困った行動」自体が H 夫の内的世界に寄り添うことのない，ディスアビリティ（社会的障壁）としての社会通念の産物であったと解釈できる。既存の社会の枠組みが障害のある子どものインクルージョンを拒み，排除していたのである。津守の子ども理解の思想と実践は個々の教師の認識というミクロなレベルからそうした枠組みを変革していく可能性を内包している。

　しかし，なお残された課題はある。津守の子ども理解は既存の社会的枠組みを括弧に入れ，子どもの内的世界に徹底して寄り添うものであるために，それだけでは今ある社会の中に障害のある子どもたちを包摂し，内側から変革していくまでのビジョンを描きにくい。野村は津守の保育実践の主たる現場となった愛育養護学校が養護学校（現在の特別支援学校）という分離教育の場であったことに触れ，それが社会から切り離された子どもたちのオアシスになってしまうことへの懸念を述べている。野村によれば愛育養護学校既存の教育は枠組みが必要であるという枠組みさえも外すところから出発し，子どもの思いという目に見えない枠を大切にしているが，現実には私たちにとって運命的に受け入れざるを得ない社会的枠組みは厳然として存在する。野村は今ある社会のひずみやしわ寄せを背負わされた子どもたちの自己表現と自己実現の場として愛育養護学校が存在することの大切さを評価する一方，そうした場が社会の中で愛育養護学校だけにとどまってしまうことを危惧する。競争原理が支配する学校文化の枠組みを変革し，学校自体が障害児とともにあることのできる社会を創造するためには障害児も健常児も支え合うことを通して生き抜く力をつける必要があるのだ[19]。分離教育の場で生まれた津守の子ども理解の思想と実践をインクルーシブ教育の実践へとつなげていくための方策を模索していく必要がある。

引用文献

1) 中央教育審議会：共生社会の形成に向けたインクルーシブ教育システム構築のための特別支援教育の推進（報告）. 2012. https://www.mext.go.jp/b_menu/shingi/chukyo/chukyo3/044/attach/1321669. htm（2024年9月30日アクセス）

2) United Nations Convention on the Rights of Persons with Disabilities：Concluding observations on the initial report of Japan. 2022. https://www.mhlw.go.jp/content/12601000/001001554. pdf（2024年9月30日アクセス）

3) UNESCO：The Salamanca Statement and Framework for Action on Special Needs Education. 1994.
https://www.european-agency.org/sites/default/files/salamanca-statement-and-framework.pdf（2024年9月30日アクセス）

4) 星加良司：「社会」の語り口を再考する.「社会」を扱う新たなモード（飯野由里子，星加良司，西倉実季著），生活書院，2022，p.17.

5) 前掲書4)，pp.19-22.

6) 西倉実季：変えられる「社会」・変えたくない「社会」.「社会」を扱う新たなモード（飯野由里子，星加良司，西倉実季著），生活書院，2022，pp.205-217.

7) 篠宮紗和子：学習障害（LD）はいかにして「中枢神経系の機能障害」となったか―障害の原因論選択の議論における生物医学モデルと障害の社会モデルのせめぎあい. 教育社会学研究，2019；104；200-207.

8) 津守真：保育者の地平―私的体験から普遍に向けて，ミネルヴァ書房，1997，p.ⅱ.

9) 前掲書8)，pp.288-289.

10) 津守真：子どもの世界をどうみるか―行為とその意味，NHK出版，1987，pp.14-15.

11) ボルノウ，O.F.著，小笠原道雄，田代尚弘共訳：理解するということ―精神諸科学の理論のための三つの論文，以文社，1978，pp.50-54.

12) 津守真：障害児保育現象論. 教育と医学，1983；38（12）；1173.

13) 前掲書11)，pp.143-149.

14) 松田高志：ブーバーにおける認識の問題. 神戸女学院大学論集，1977；24；77-81.

15) ボルノー，O.F.著，西村皓，井上坦訳：認識の哲学，理想社，1975，p.246.

16) Erikson, E.H.：Insight and Responsibility，W.W.Norton & Company，New York，1994，pp.74-75.

17) 前掲書8)，p.180.

18) 前掲書10)，pp.144-150.

19) 野村庄吾：オアシスをひろげるために―障害児教育の潮流から―. 編障害児教育―発達の壁をこえる―（稲垣忠彦，谷川俊太郎，河合隼雄ほか編集委員），岩波書店，1991，pp.174-176.

参考文献

石川准，倉本智明著：障害学の主張，明石書店，2002.

ラニ・フロリアン編著，倉石一郎，佐藤貴宣，渋谷亮ほか監訳：インクルーシブ教育ハンドブック，北大路書房，2023.

茂木俊彦：障害は個性か―新しい障害観と「特別支援教育」をめぐって，大月書店，2003.

西隆太朗：津守眞における保育思想の展開過程．児童学研究，2023；47.

清水貞夫：インクルーシブな社会をめざして―ノーマリゼーション・インクルージョン・障害者権利条約，クリエイツかもがわ，2010.

吉川和幸：我が国の幼稚園における障害児保育の歴史的変遷と現在の課題．北海道大学大学院教育学研究院紀要，2015；123.

第5章

共生社会を担う社会教育活動の役割と課題
―成人期の学習活動の事例から―

長岡　智寿子

「社会教育とは，どのようなことですか？」と問われたなら，すぐに答える
ことは意外に難しいのかもしれない。多くの場合，野外活動，スポーツやレク
リエーション活動等を事例に子どもや若い世代を対象とする活動であると説明
される傾向にある。しかし，社会教育は決して若年層に限定される活動ではな
い。子どもから高齢者まであらゆる世代の人々を対象とし，地域社会における
様々な課題を学習活動の素材やテーマとし，多様な実践が展開されている。い
わば，日常生活を取り巻く生活課題そのものが学習課題となるといっても過言
ではないであろう。学校教育のように各教科における定められたカリキュラム
や教科書などはなく，学びの在り方を協働で模索していこうとするノンフォー
マルな活動である。この実にユニークな知的交流の機会の創造をめぐり，今日
では，諸外国においても様々な実践が展開されている。本章では，社会教育活
動が，いかに人と人との交流や地域社会を豊かなものにする力を秘めているの
か，共生社会を担う上でその今日的意義や課題について論じていきたい。

　本章の構成としては，まず，社会教育の概念理解のために，制度化された学
校教育との比較において整理する。また，日本社会における社会教育概念と国
際社会における社会教育概念の捉え方について検討する。第2節では，社会
教育活動の具体的な事例として，日本社会における成人の教育支援活動と開発
途上国における識字教育活動を検討する。最後に，多様に複雑化する社会にお
いて社会教育活動が人々の連帯やより良い社会の構築に重要な意味を持つこと
を提起する。

1 概念としての「社会教育」をめぐって ―日本社会との違いから―

　「社会教育」は社会教育法（第2条）において，「学校の教育課程として行わ
れる教育活動を除き，主として青少年及び成人に対して行われる組織的な教育

活動（体育及びレクリエーションの活動を含む。）」とされる。この定義は1949年に公布施行された社会教育法に基づくものであるが、「社会教育」という語が日本において初めて用いられたのは、明治時代に福澤諭吉が提唱したとされる。知識を深める活動は個人ベースで取り組むだけではなく、広く地域社会における課題について多くの人々と自由闊達に議論し、交流することにおいて育まれていくものであるとされ、学校外の教育活動として重視された[1]。社会教育は学習活動の形態としては制度化されたフォーマルな学校教育（formal education）ではないということになるが、そのノンフォーマルな教育活動（non-formal education）の位置づけ、理念をめぐっては、時代の変遷や国においても異なっている。とりわけ、社会教育は第二次世界大戦後、貧困から就学することができなかった人々の教育保障の機会として青年学級や成人を対象とした識字教室などの実践があげられる。しかし、アジア、アフリカ等の開発途上国においては、今日においても学校教育の補完としての役割を担う教育活動として、例えば貧困層の女性を対象に文字の読み書きや生活の向上のためのスキルを学ぶ活動が実施されている。

　ところで、「社会教育」は日本ではsocial educationとして訳されるが、欧米社会においてはadult education, adult learning, continuing educationとして表記される。成人教育、成人のための継続的な学習という観点から社会教育活動が取り組まれており、子どもから高齢者までを広く対象とする日本における捉え方とは異なっている。この点について、堀[2]は図5-1に示すように、日本社会では「学校－学校外教育」という軸から教育活動を捉える傾向が強かったことに対し、欧米社会においては最初に「青少年―成人」という軸において教育活動が捉えられている点に概念理解の違いがあると整理している。さらに、「欧米の成人教育概念は青少年も成人とともに生活する、地域での教育を考えにくくなるとし、逆に、社会教育概念の場合、子どもの学校外教育と成人教育を同じ概念のもとに説明するという問題がある」とも指摘している[3]。つまり、成人教育は、子どもを対象とする教育とは異なる価値を重視し、成人が取り組むからこそ意味があるのだとする成人の学習活動に焦点を当てて考えていく必要があるということである。

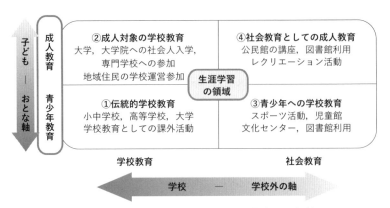

図 5-1　学校教育・社会教育・成人教育の関係性

出典）堀薫夫『生涯発達と生涯学習第2版』，ミネルヴァ書房，2018，p.122 より，筆者作成

2　おとなが学ぶということ

1　子どもを対象とする学校教育との比較から

　子どもの学びとおとなの学びは何が違うのか，ここではさらに詳しく見ていこう。表5-1はイギリスの成人教育学者であるロジャース（A.Rogers）により，子どもを対象とする学校教育（フォーマル教育）と主に成人を対象とする成人教育（ノンフォーマル教育）における目的やねらい，カリキュラムや時間帯，教授方法などの特徴を比較し，まとめられたものである。日常生活が学校での学習を中心とする学齢期の子どもとは異なり，成人の多くは家事，労働を中心とする生活形態にある。また，成人が求める学びは，「教育＝学校での学び」とひとくくりにすることはできず，労働の場において必要とされるスキルやニーズを習得すること等，日常生活を営む上で自ずと必要な課題を把握することになる。そのような成人期の特性を活かしたノンフォーマルな学習活動を運営していくことの重要性を提起するものである。

2．おとなが学ぶということ　57

表 5-1　学校教育（フォーマル教育）と成人教育（ノンフォーマル教育）の特徴的比較

	学校教育	成人教育
対象者	主に若者 ユニバーサル 義務的 選択的	主に成人 興味，関心に基づく 自発的 オープンタイム
時間軸	フルタイム 学習者の主な活動	パートタイム 学習者の二次的な活動
適切性	生活からの分離 特別な施設で 単独目的の建物にて	生活と統合 地域社会にて あらゆる環境にて
プログラム	専門家により運営 生活とは関連しないプログラム	参加型 生活に根差したプログラム
カリキュラム	すべての学習者のため共通化された教育 区分されたカリキュラム 教科中心 教師による運営	学習者のニーズに合わせた教育 オープンカリキュラム 統合化，問題提起型 学習者中心の学習
方法	教師中心 主として教材による	学習者中心 主として，議論を中心とする
目的	順応であること 教師による自立の設定 競争的 個人主義	自立を促進する 学習者による設定 協調的 集団主義
方向性	未来志向	現在志向
関係性	階層的	平等主義
検証	各学期末ごとの検証 教育専門家による検証	継続的 学習者による検証

出典）Latchem Colin，Quality Assurance Toolkit for Open and Distance Non-formal Education. Commonwealth of Learning，2012，p.7 より，筆者作成

2　成人教育学（アンドラゴジー）とは―成人の特性を活かした学習援助へ―

　成人教育学は 19 世紀のヨーロッパでも提起されていたが，教育原論的な要素が中心であった。それに比して，アメリカの成人教育は成人に対するあらゆる教育活動を意味し，方法論，内容論まで幅広く扱うものであった。「アンドラゴジー（andragogy）」とはギリシャ語の aner（成人）と agogus（指導）の合成語であるとされている。ここでは，成人教育学としてアンドラゴジー論を体系化したアメリカの成人教育学者マルカム・ノールズ（M.Knowles）に

ついて紹介しよう[*1]。

1) ノールズのアンドラゴジー論

ノールズは，主著『成人教育の現代的実践』[4]にて，アンドラゴジー論を成人教育プログラムの理論的根拠として，次のように提示している。

① 学習者の自己概念の変化

② 学習者の経験の役割

③ 学習へのレディネス

④ 学習への方向づけ

⑤ 学習への動機づけ

ノールズは成人の特性を活かした教育の学問体系を「アンドラゴジー（andragogy）」とし，その体系化を図った。ノールズはアンドラゴジーを「成人の学習を援助する技術（art）と科学（science）」と定義し，従来，教育学に相当する子どもを対象とする「ペダゴジー（pedagogy）」（ペダゴジーはpeda（子ども）とagogus（指導）の合成語）と比較検討し，成人教育は，むしろ，成人の特性を活かした教育活動として理解していくことを求めた。成人教育に取り組む際，成人期の人々の特徴を重視した手法を構想するものでなければ，学校教育や子どもを対象とした教育目標とその方法をそのまま成人に適用してしまうことになってしまうからである。表5-2は，ノールズの理論により，従来の子どもを対象とする教育学（ペダゴジー）と成人を対象とする教育学（アンドラゴジー）との違いを示したものである。

さらに，ノールズのアンドラゴジー論の留意すべき点は，成人期の学習の特徴を「自己主導型」（self-directed learning）としてまとめられていることである。子どもとは異なり，成人の学習は目的や関心などが確立しており，自らの意思で学習活動が方向づけられていくことに特徴がある。ノールズは学習の必要性についても言及しており，「成人は学習を開始するに際し，なぜ，その学習に取り組むのかについて知る必要がある」としている。そのため，成人学

[*1] アンドラゴジーをアメリカで最初に唱えたのはE.C.リンデマンだとされている。リンデマンはデューイ（J.Dewey）による経験主義教育論を成人教育の原理として，アメリカで最初にアンドラゴジー論を提唱し，ヨーロッパにおけるアンドラゴジー論をも踏まえ，独自に体系化した。主著『成人教育の意味』[5]にて，「成人の経験こそが，生きた教科書である」としている。

表 5-2　ペダゴジーとアンドラゴジーの考え方の比較

項目	ペダゴジー （子どもを対象とする教育）	アンドラゴジー （成人を対象とする教育）
学習者の概念	学習者の役割は依存的なものである。	成長するにつれて，自己決定性が増していく。
学習者の経験の役割	学習者が学習状況に持ち込む経験は，あまり価値を置かれない。 教師の存在や教材等が重視される。	成長，発達するにつれて，経験の貯えを蓄積するようになる。経験は自分自身，および他者にとっての豊かな学習資源となる。
学習へのレディネス（準備状態）	社会や学校を中心の学ぶべきことを学習しようとする。学習は標準化されたカリキュラムの中に組み込まれるべきである。	現実生活の課題や問題への対処，応用に向けて，学習活動が順序づけられるべきである。
学習への方向づけ	教科中心的	課題達成中心的

出典）マルカム・ノールズ著，堀薫夫，三輪建二監訳：『成人教育の現代的実践』，鳳書房，2002，p.39より，筆者作成

習の支援者は，学習者が「知る必要性」に気づけるように促すことも求められていくことになる。

2) アンドラゴジー論の実践方法

　学習活動に取り組むに際し，成人の教育活動においてもグループによる学習方法を重視している。議論や討論なども方法の一つであるが，教室などの学習空間についても重視している。学習空間の規模が大きくなればなるほど，机や椅子の配置，明るさや参加者に対する収容人数など，方法論的にも重視していくことが求められている。ノールズは実際に成人を対象に学習を展開する際には，「学習サイクル」も重要であることを問題提起している（図 5-2 参照）。

　これらの一連のプロセスの中で，成人期の人々に必要となる視点が明らかになっていく。例えば企業等において事業を実施する際に求められるような，プロジェクトを計画（Plan），実際に実行（Do），実施したプロジェクトを確認（Check），さらに，その一連のプロジェクト全体を評価する（Assessment）という，一般に「PDCA サイクル」と言われる進め方と重なるものである。また，「どのような場面で学習が展開しているのか」を確認することは，大学における教育活動においても同様であり，非常に示唆に富むものである。学習者の経験を重視すること，成人は意味を考える存在であること，そして，指導

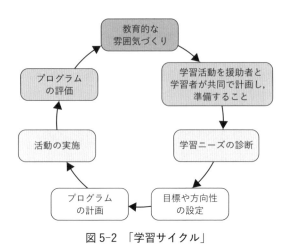

図 5-2 「学習サイクル」
出典）堀薫夫：『生涯発達と生涯学習第 2 版』，ミネルヴァ書房，2018，pp.134-135. より，筆者作成

者も共に学ぶことの必要性は，社会教育活動における学習支援において，不可欠な視点である。

3 成人期の学習活動を考える ―日本と開発途上国の「実践」から―

　それでは，成人教育活動とは具体的にはどのような活動なのであろうか。地域社会のネットワークの下で，野外での活動，スポーツや演劇，音楽などの芸術活動など，趣味や娯楽の領域から学術的なサークル活動まで，実に多岐にわたる。しかし，単に活動に参加し，集うだけが社会教育の目的ではなく，今日の私たちが暮らす社会の現実的な課題を批判的に問い直す探求心を育むことが社会教育活動に備えられた意義である。例えば，貧困や差別，障がい等により周辺化されてきた人々と連帯すること，また，人権の観点からも多様性が尊重される社会の実現にはどのような視点が必要なのか，自ら行動し模索する主体性を育む学びの機会が，より求められるのではないか。

　成人の学習は文字通り成人期の人々を対象に行われる学習活動であるが，その厳密な概念については各国において異なっている。近代学校教育制度が発達した先進国では，欧米諸国を中心に，成人教育は学校教育の補完的役割を担う

教育として，あるいは成人期以降の人々への学習機会の提供として位置づけられている。しかし，アジア・アフリカなどの学校教育が完全に普及しておらず，就学率や識字率が低い国では，成人教育は学校教育を補完すべく，「学校外の組織的な学習活動」として取り組まれている。具体的には，学習者の年齢や過去の学習歴等の有無により制限を設けず，時間，場所，学習形態，教授法，学習教材など，制度化された学校教育とは異なり，学習に参加する人々のニーズに合わせた柔軟な体制により，ノンフォーマルな学習活動として実施されていることが多い。

　また，「成人」と一口に言えども，学習の場に集う人々は，多様な背景を抱えていることも把握しておかなければならない。人は，皆，それぞれに年齢，性，学歴，職業，宗教，民族，カースト，階層，ジェンダー等，様々な項目を軸に，非対象の関係性の中に置かれており，個々に人生上の出来事を経験する中で，日常生活を営んでいる。途上国であれば，幼少期から就学どころか，労働力として社会への参入を強いられ，女子であれば，さらに家事労働にも従事することを余議なくされたライフコースも珍しくはない。それだけに，「成人」とみなされる人々の特質として，年齢や人間の成長，発達課題等による時期区分にかかわらず，「人生上の様々な経験が蓄積された人々」であることを理解しておくべきであろう。そして，学習活動における最優先課題は，活動を通じて，人々の生活の向上に結びつけていくこと，利点を得られる仕組みを共同で構築していくことにある[6]。本節では，おとなが「もう一度学ぶ」ことの事例として，まず，日本社会における基礎教育保障としての公立夜間中学や地域社会における自主夜間中学の活動を紹介する。次に，開発途上国における事例として，南アジアのネパール連邦民主共和国（以下，ネパール）における女性のための識字教育について検討する。

1 日本の事例―神奈川県下の夜間中学をめぐる動向から―

　基礎的な学習を「もう一度，学びたい」という人たちの声を社会教育においてはどのように捉えていくことができるだろうか。このような問いを考えることになる背景には次のような経緯があげられる。1つは，全国の小・中学校で不登校であった児童生徒の数が増加し続けていることである。文部科学省の直

第 5 章　共生社会を担う社会教育活動の役割と課題

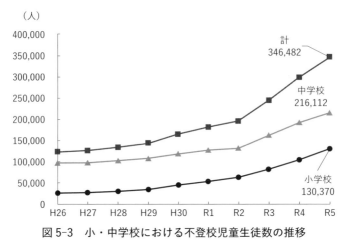

図 5-3　小・中学校における不登校児童生徒数の推移

出典）文部科学省「令和 5 年度 児童生徒の問題行動・不登校等生徒指導上の諸課題に関する調査結果の概要」より

近の報告によれば約 34 万人となり，前年の同調査報告よりも増加傾向にある（図 5-3）。もう 1 つには，2020 年の国勢調査において，義務教育未修了者が 898,748 人も存在していることが明らかになったことである。

　何らかの理由により，義務教育を受けることができなかった人たちが通う学校として，公立夜間中学がある。夜間中学は，敗戦後の混乱期，生活困窮から昼間，家計を支えるために靴磨きや日雇いなどの労働に従事せざるを得ない子どもたちが多数，存在したことから，1947 年，大阪市立生野第二中学校（1949 年に勝山中学校と校名変更）にて，教育現場の努力において，二部制（昼・夜）として学習の機会を提供したことが始まりであった。文字通り，夜間に授業を行う中学校として，義務教育の底辺に存在し続けてきた。以降，夜間中学は 1954 年に 12 都道府県において 87 校，1955 年には在籍生徒数 5,208 人をピークに，減少を続けている。しかし，今日では不登校や母国，または，日本において義務教育を修了していない外国籍の人などが学んでおり，以前と比べ大きく様変わりしている。また，そのような学びの場は公立夜間中学のみではなく，「自主夜間中学」という地域社会にて市民により運営される「学びの場」の必要性も高まってきている。

　例えば神奈川県下において，横浜市には 1950 年代には 10 校の夜間学級が

3．成人期の学習活動を考える—日本と開発途上国の「実践」から—　63

表 5-3　近年の神奈川県における夜間中学をめぐる動向

	事　項
1948 年 4 月	横浜に浦島丘中学校夜間学級 開校
1950 年 4 月	横浜市立蒔田中学校夜間学級 開校，横浜市教育委員会は市内 10 校に夜間学級を開設
1953 年 4 月	川崎市立川中島中学校夜間学級 開校，同年 5 月川崎市立塚越中学校夜間学級 開校
1960 年 3 月	川崎市立塚越中学校夜間学級廃止
1966 年 3 月	川崎市立川中島中学校夜間学級廃止
1982 年 4 月	川崎市立西中原中学校夜間学級 開校，1980 年頃には 5 校に削減
2001 年 3 月 31 日	横浜市立平楽中学校夜間学級廃止，同年 4 月 1 日，横浜市立仲尾台中学校夜間学級 開校
2010 年 3 月	「神奈川・横浜の夜間中学を考える会」発足
2012 年 6 月	自主夜間中学「つるみえんぴつの会」発足
2013 年 11 月	自主夜間中学「あつぎえんぴつの会」発足
2014 年 4 月	5 校の夜間学級を蒔田中学校 1 校に統廃合
2016 年 12 月	「教育機会確保法」成立。以降，神奈川県内に自主夜間中学が誕生していく
2018 年 6 月	「相模原の夜間中学を考える会（現：相模原えんぴつの会）」発足
2018 年 8 月	「えびなえんぴつの会」発足
2021 年 4 月	「鎌倉えんぴつの会」発足
2022 年 4 月	相模原市立大野南中学校分校夜間学級 開校，「神奈川・横浜の夜間中学を考える会」は設置に向けて多方面から協力，支援

出典）続川崎教育史編集委員会編：続川崎教育史 学校沿革誌編，川崎市教育研究所，1977. および 2022 年度 第 68 回全国夜間中学校研究大会・大会資料より，筆者作成

設置されていたが，統廃合が進んだ。市民らにおける＜夜間中学の灯を守り，発展させたい＞という願いから，2010 年 3 月「神奈川・横浜の夜間中学を考える会」が発足し，神奈川県に要望書を提出するなど働きかけがあった。現在，県内には公立夜間中学は 3 校（横浜市立蒔田中学校，川崎市立西中原中学校，相模原市立大野南中学校分校）である。特に，2022 年 4 月に相模原市立大野南中学校分校夜間学級が開校した背景には，同会の様々な形による協力，支援があったといえる。また，神奈川県は多くの人々の学習機会を確保するために，公立の夜間中学のみならず，自主夜間中学との連携も重視している。とりわけ，2016 年 12 月「義務教育の段階における普通教育に相当する教育の機会の確保等に関する法律（教育機会確保法）」成立後の動きは目覚ましく，自主夜間

中学校は 5 校（つるみえんぴつの会，あつぎえんぴつの会，えびなえんぴつの会，鎌倉えんぴつの会，相模原えんぴつの会）となり，それぞれ，地域に在住の方を中心に学習支援活動が展開されている（表 5-3）[7]。

2 開発途上国の事例—ネパールにおける識字教育—

　ここでは，筆者が南アジアのネパールで取り組んだ農村女性らの識字教育の事例を紹介しよう。ネパールはヒマラヤ山脈に囲まれ，北は中国（チベット自治区），南はインドに挟まれた内陸国である。その起伏に富んだ地理的環境からも農業以外の主な産業は乏しく，今日においても世界の最貧国の一つに位置づけられている。15 歳以上の成人の識字率は男性 83.6%，女性 69.4%[8] と向上の傾向にあるが，実際のところ，農村地域においては男女ともに文字の読み書き能力が乏しい状況にある成人は多い。その背景には，個人レベルの問題と捉えるよりも，ネパールという国の社会文化的要因も大きく関連している。何よりも慢性的な社会の貧困状況に加え，ネパール政府により広く国民を対象に近代学校教育の制度が導入されたのは 1956 年の第一次国家開発計画（1956 ～ 1960 年）以降である。当時の国の識字率は約 2% と公表されており，つまり，「学校」に就学し，読み書きを習得することは限られた層の人々のみであった。また，ネパール語の話者人口は約 52% であり，国内で使用されている言語の数も判明されているだけでも 60 数種以上に及ぶという。そのうち，書き文字が存在する言語はわずかであり，多くの国民は口承中心の生活を営んでいることになる。そのようなことからも，ノンフォーマルな学習活動の中心的なプログラムは，女性を対象にした「Women's Literacy Program」と称するネパール語の読み書き学習である。政府が発行した識字学習教材を用いて，基礎学習コースを 6 か月間，継続的な学習活動としてポスト・リテラシープログラムを 3 か月とし，通算して約 9 か月間を 1 サイクルとする学習プログラムが一般的となっている。地域の集会施設などを拠点に共同で取り組む活動などのノウハウについても学ぶ。農作物の栽培や家畜の飼育，手工芸品の制作，販売等が行われることが多い。プログラムの運営については政府が提示するガイドラインに準拠し，国際援助機関や NGO（非政府組織），または地域におけるボランティアグループが実施媒体となる等，多様な形態で行われている。

1）女性のための識字教育教材

Women's Literacy Program にて最も広く使用されている学習教材は、ネパール女性を取り巻く生活課題について単元ごとに文字や簡単な計算を学んでいく構成になっている（図5-4）。家事や育児、農作業に取り組む姿を描写した挿絵のほか、社会で活躍している女性の姿も描かれている。特に、新聞やテレビ、街頭での演説に女性も広く関わっていることを示す挿絵が興味深い。各単元についての説明はなく、キーワードとなる単語を構成する文字と同じ文字が含まれる単語が挿絵とともに記載され、語彙を増やしていく構成になっている。継続的に日常生活の中で実践されていくことをねらい、夜間に女性が学習に参加しやすい環境を整備することは重要である。図5-5の写真①、②は地域の集会所や小学校の教室にて女性たちのための識字クラスを実施した様子である。夕食後の夜8時ぐらいの時間帯に集まり、教室を実施するために、準備段階から家族への理解も働きかける必要があった。

1：母親，2：女性，3：友情，4：家族，5：工場，6：男の子・女の子，7：清掃，8：民主主義，9：進歩，10：煙，11：薪，12：事故，13：祭り，14：下痢，15：食べ物，16：性教育（家族計画），17：財布・銀行，18：差別，19：ローン，20：マスメディア，21：知識，22：女性の権利，23：子どもの権利

図5-4　女性のための識字教材の学習課題

出典）Mahila Saksharta Pusta（Women's Literacy Book）より，筆者作成

① Rupandehi 郡 Lumbini, Tenuhawa 村にて　　② Lalitpur 市 Bungamati 村 Khoincha 地区にて

図5-5　女性たちのための識字クラス

（①，②とも，筆者撮影）

個々人における「リテラシー活動」がどのような場面において展開されているのか，異なる角度から観察することも欠かせない。学習対象者は成人期の女性であり，様々な生活経験を重ねる中で日常生活を営んでいるのである。個々の女性たちに内包された多様なリテラシーの様相に着目することこそ，成人期の学習課題を展開していく上では欠かせないと考える。女性たちの日常生活を観察していると，口承を中心としたコミュニケーションの中で，人やモノの動きをつぶさに観察しつつ，生活を営んでいる姿が把握される。とりわけ，近年のICT（情報通信技術）を活用した社会開発の動きを概観する限り，文字文化に乏しい環境に置かれている人々にとってもモバイルなどの普及により，情報へアクセスする機会は増してきている。メディアを活用した教育支援活動は，利点が多いものと考えられる[9]。

4 共生社会の創造に向けた社会教育活動の課題

　本章では，「社会教育活動」の概念的理解をはじめ，今日，社会教育活動がどのような観点から取り組まれているのか，その学習形態の把握を踏まえるとともに，成人の教育活動として基礎教育保障の観点から日本社会における夜間中学をめぐる動向と，開発途上国の事例としてネパールにおける女性のための識字教育について検討した。成人の学習課題は実に多岐にわたり，また，日々の生活課題に大きく影響を受けながらも多様な形態による実践が展開されてきている。そのような学びの課題を解決や改善させていくために，人と人，組織と組織をつなぐコーディネート力や人々の興味，関心を引き出していく人材がこれまで以上に求められている。特に，日本社会における社会教育活動の促進をめぐる動きとして，「社会教育士」についても提示しておきたい。

　「社会教育士」は，2020年4月1日以降に施行された社会教育主事養成課程，または，社会教育主事の講習において必要な単位を修得した者が称することができる「称号」である。「社会教育士」が新設された背景には，私たちを取り巻く地域社会における課題が複雑化し，地域行政機関に所属する社会教育主事や社会教育職員が民間企業やNPO（非営利組織）等と連携，協働することにより，人々のニーズに応えていこうとする動きが高まってきたことが指摘され

表 5-4 学習の 4 つの柱

Learning to be：	人として生きることを学ぶ　→生きがい
Learning to know：	知ることを学ぶ　→　知識，技術
Learning to do：	為すことを学ぶ　→　実践
Learning to live together：	共に生きることを学ぶ　→　共生

出典）ユネスコ「21世紀教育国際委員会」編，天城勲監訳：学習―秘められた宝，ぎょうせい，1997，p.218.

ている[10]。「社会教育士」が地域社会で活躍することとは，市民レベルにおいて，自発的な学びを展開していく社会を共に築いていくことに他ならない。それは，まさに，ユネスコが追求する「学習の 4 つの柱」[11]を展開していくことにつながるといえる（表 5-4）。「学習の 4 つの柱」とは，第一に，Learning to be：人として生きることを学ぶ，である。第二に，Learning to know: 知ることを学ぶ，である。広い教養を持ちながらも特定の課題については深く学習する機会を得て，「知ることを学ぶ」こと。第三に，Learning to do: 為すことを学ぶ，である。他者と共に行動する能力を養うことである。第四には，Learning to live together：共に生きることを学ぶ，である。共に働き，人間関係における様々な問題についていかに解決するかを学びながら，多様な価値と相互理解，平和の精神に基づき，他者の存在を認め，相互理解をはかること，である。これらの柱は複雑化する今日の社会の中で，私たちがいかに他者との関係を良好に築き，互いに学び合うことができるかを問いかけるものである。共生社会の創造に向けて，他者の存在とともに気づき（情報共有），共に想い（共通理解），共に行い（体験共有），共に振り返り（課題共有），新たな気づき（感動等）を実践していくことが，なおも強く求められている[12]。成人の学びは，たとえ，ささやかな実践であるにせよ，その有効な手がかりを提供する契機となろう。

■ 引用文献

1）米山光儀：講演録　福澤諭吉と社会教育．三田評論，2021；1253；52-60.
2）堀薫夫：生涯発達と生涯学習［第 2 版］，ミネルヴァ書房，2018.
　堀薫夫：社会教育概念と成人教育概念．現代社会教育事典（日本社会教育学会編），東洋館出版社，2024，p.18.
3）前掲書 2），堀（2024）.

4) マルカム・ノールズ著, 堀薫夫, 三輪建二監訳：成人教育の現代的実践. 鳳書房, 2002.（＝Knowles MS：The Modern Practice of Adult Education; Andragogy versus Pedagogy, The Association Press, 1970.）

5) エデュアード リンデマン著, 堀薫夫訳：成人教育の意味, 学文社, 1996.（＝Lindeman, EC：The meaning of Adult Education, New Repablic, 1926.）

6) 長岡智寿子：成人教育・生涯学習におけるジェンダー－社会参加を促進する学習活動として. ジェンダーと国際教育開発（菅野琴, 西村幹子, 長岡智寿子編著）, 福村出版, 2012, pp.188-204.

7) 長岡智寿子：学習権保障と社会教育－自主夜間中学における「実践」から. 社会教育学研究, 2024；60：70-73.

8) Nepal Planning Commission, HMG, Census, 2021.

9) 長岡智寿子：第33章ノンフォーマル教育. 現代ネパールを知るための60章（日本ネパール協会編）, 明石書店, 2020, pp.203-207.

10) 日本社会教育学会編：現代社会教育学事典, 東洋館出版社, 2024, p.75.

11) ユネスコ「21世紀教育国際委員会」編, 天城勲監訳：学習―秘められた宝, ぎょうせい, 1997, p.218.

12) 立田慶裕：学習のための資産形成に向けて. 家庭・学校・社会で育む発達資産（立田慶裕・岩槻知也編著）, 北大路書房, 2007, p.152.

第6章

インクルーシブ・カレッジの実現に向けて
―自然を通したプログラムの可能性―

和　秀俊

1 共生社会の実現に向けた大学への期待

1 共生社会とは

　共生とは，「共に同じ所で生活すること，異種の生物が，相互に作用し合う状態で生活すること」[1] と定義されている。また，共生は浄土宗などで「ともいき」とも呼ばれ，「人間ばかりでなく，すべてのものは他と関係し合って生起・存在しており，それらは過去から現在・未来へと繋がっているとするもの」[2] としている。このように，共生とは，人間だけでなく異なる種類の生物が，相互に関係し合い繋がり続け同じ所で生活することといえる。近年では，自然と人間との共生が重要な社会的課題となっており，2015年に国連総会で採択されたSDGs（持続可能な開発目標；Sustainable Development Goals）において，環境保全は核となる目標として世界中で取り組まれている。

　共生社会とは，「障害の有無や年齢・性別・国籍の違いなど，さまざまな違いのある人々が，対等な立場で相互に尊重しあい，多様な形で参加・貢献できる社会」[3] といわれている。これは，誰もが平等に参加し，尊重される社会を目指すものである。共生社会の英訳は「Inclusive Society」であり，多様性を受け入れ，性別，年齢，国籍，人種，宗教，障がいの有無など，個々の違いを超えて誰もが社会に参加し，社会の一員として尊重される社会である。

　共生社会を実現するためには，以下のような具体的な取り組みが必要である。①環境のバリアフリー（物理的な障壁や制度的な障壁を取り除くこと），②心のバリアフリー（教育や啓発活動を通じて障がいのある人々に対する理解を深め，差別や偏見をなくし多様性を尊重する意識を広めること），③地域共生社会の推進（地域住民が互いに支え合い，孤立せずに生活できるようなコ

ミュニティをつくること），④インクルーシブ教育（障がいのある子どももない子どもも同じ場で学ぶことにより子どもの頃から多様性の理解を深める教育），⑤企業や自治体の取り組み（企業や自治体が共生社会の理念を取り入れ，バリアフリーの職場環境の整備や障がい者雇用の促進など具体的な行動を起こすこと）。

　これらの共生社会の実現に向けた具体的な取り組みにおいて，大学は重要な役割を果たす可能性があると思われる。具体的には，大学全体がインクルーシブ教育に取り組み，地域住民を対象とした公開講座などによる教育や啓発活動を通して心のバリアフリーに寄与することができる。また，大学が企業や自治体と連携した産学官の研究や実践による地域のバリアフリーの整備や障がい者雇用の促進，政策や計画策定に取り組むことを通して，環境のバリアフリーにも貢献する。そして，このような大学が拠点となって，地域共生社会を推進することができるのではないだろうか。

　以上のように，大学は共生社会の実現の拠点として社会貢献できると思われる。そこで，その可能性を検討する上で，大学の社会貢献について整理する。

2　大学の社会貢献

　大学の社会貢献とは[4]，19世紀後半のイギリスにおいて，エリートに占有されていた大学の門戸を開き，高等教育の機会を広く民衆にもたらした大学拡張に起源があるという。そして，大学拡張がアメリカに伝わり，非エリート層に実践的な教育を提供しコミュニティの産業振興を担う人材を養成するランドグラント・カレッジや，貧困などのコミュニティの問題解決に取り組むアメリカ型の研究大学の設立により飛躍的に拡大した。こうして，大学に集積された知的資源を学外における公共の福祉に資することが，大学の使命としてみなされるようになったのである。現在では，大学の社会貢献を推進するために，大学とコミュニティとが対等で互恵的な関係によるパートナーシップが不可欠であるとしている。この「コミュニティ・パートナーシップ・モデル（community partnership model）」の導入は，コミュニティが求めるものとは根本的に異なり普遍的な知を探究する大学のアプローチに，抜本的な変化を求めることとなった。

日本における大学の社会貢献は，2005年の中央教育審議会の答申において，教育と研究に加えて，大学の第三の使命として打ち出された。そして，2006年に教育基本法が改正され，第7条では，「大学は，学術の中心として，高い教養と専門的能力を培うとともに，深く真理を探究して新たな知見を創造し，これらの成果を広く社会に提供することにより，社会の発展に寄与するものとする」として，大学における社会貢献の役割・機能について明文化された。翌2007年には，学校教育法第83条第2項において，「大学は，その目的を実現するための教育研究を行い，その成果を広く社会に提供することにより，社会の発展に寄与するものとする」という同様の改正が行われた。このように，大学における社会貢献は，法制度や政策的にも重要な大学の役割・機能として期待されている。

　このような中，2012年の中央教育審議会の答申では，「大学が地域再生の拠点となるとともに，地域の未来を担う有為な人材の育成」の重要性が指摘され，2013年度から文部科学省の地（知）の拠点整備事業が開始された。この事業では，「学生がしっかり学び，自らの人生と社会の未来を主体的に切り拓く能力を培う大学，地域再生の核となる大学，生涯学習の拠点となる大学，社会の知的基盤としての役割を果たす大学等」と述べられている。このように，大学は学生が主体的に学ぶ環境を整備し，大学や学生が社会の問題解決の担い手として求められている。

　したがって，大学は共生社会の実現という社会的問題を解決することができる人材を養成し，共生社会を実現する教育や研究，実践の拠点として社会貢献することができると思われる。

3 インクルーシブ教育

　次に，共生社会の実現に向けて重要な取り組みであるインクルーシブ教育についてみていくこととする。インクルーシブ教育は，1990年に開催された世界教育会議において，「万人のための教育」（EFA：Education for All）が世界共通の教育目標となったことを踏まえ，1994年にユネスコ（国際連合教育科学文化機関；UNESCO）とスペインが共催した「特別なニーズ教育に関する世界会議」において，障がいのある子どもを含めた万人のための学校を提唱

したサラマンカ声明（巻末付録参照）で示された教育理念である。インクルーシブ教育は，障がい児や英才児，ストリート・チルドレンや労働している子ども，言語的・民族的・文化的マイノリティの子どもなどが抱えている学習上の困難を「特別な教育的ニーズ（SEN：special educational needs）」と捉え，すべての子どもを包み込む教育の実現を目指している。この声明では，「通常の学校内にすべての子どもたちを受け入れるインクルーシブ教育」を原則とすることが決められた。2000年に開催された世界教育フォーラムを経て，前述のSDGsに継承され，その中の「包摂的かつ公正な質の高い教育（inclusive and equitable quality education）」が世界の教育目標となっている。

　一方日本では，2006年に学校教育法を改正し，2007年度から特別支援教育制度が開始され，通常学級においても特別支援教育を実施することが求められるようになった。2007年9月にはわが国も「障害者の権利に関する条約」（2006年12月国連採択）に署名，2012年に文部科学省・中央教育審議会初等中等教育分科会より，「共生社会の形成に向けたインクルーシブ教育システム構築のための特別支援教育の推進（報告）」が出された。その中で，インクルーシブ教育システムとは，「人間の多様性の尊重等の強化，障害者が精神的及び身体的な能力等を可能な最大限度まで発達させ，自由な社会に効果的に参加することを可能とするとの目的の下，障害のある者と障害のない者が共に学ぶ仕組みであり，障害のある者が『general education system』（署名時仮訳：教育制度一般）から排除されないこと，自己の生活する地域において初等中等教育の機会が与えられること，個人に必要な『合理的配慮』が提供される等が必要とされている」[5]と定義され，障がいのある子どもの教育はインクルーシブ教育システムとして行われることとなった。

　ユネスコなどが提唱している世界的なインクルーシブ教育は，万人のための教育，つまり包括的で特定の対象者のみではなく，すべての人に開かれたものであるとし，教育システム自体を子どもたちの多様性に合わせ変えていくというものである。しかし，日本が進めているインクルーシブ教育システムはこれまで行われていた特別支援教育の延長線上で，障がいのある子どもの教育として捉えられている。そのため，2022年に日本政府は国連本部において「障害者の権利に関する条約」に関する審査を受け，国連障害者の権利委員会から

「障害のある子どもを分離した特別支援教育をやめるように」と勧告が出された。したがって，日本はユネスコなどが提唱している世界的なインクルーシブ教育の実現に向けて，改めて教育プログラムやシステムを検討することが重要な課題となっている。

4 共生社会の実現における大学の可能性―インクルーシブ・カレッジに向けて―

　日本において，小・中・高校の学校教育段階ではインクルーシブ教育システムの推進によって，障がいの有無にかかわらず共に学び，交流する機会や場があるが，学校教育が終わるとほとんどなくなってしまう現状である。そのような中，共生社会の実現には障がい者の生涯学習は不可欠であるということから，大学におけるオープンカレッジや公開講座が行われている。1995年から東京学芸大学で特別支援学校（当時，養護学校）を卒業した知的障がい者を対象に公開講座を日本で最初に実施し，1998年に大阪府立大学（現，大阪公立大学）がオープンカレッジを開校したことをきっかけに各大学で開講され，現在では25カ所以上に至っている。

　そのような中，2019年に「障害者の生涯学習の推進方策について」と題する文部科学省総合教育政策局長通知が出され，大学等に期待される取り組みが示された。具体的には，「多様な学生の受入れを通じた教育研究の一層の高度化の観点からも，地域や社会への貢献の観点からも，特別支援学校等を卒業した後の障害者の学びの場としての役割を果たすこと」「オープンカレッジや公開講座，障害のある学生に対する支援の取組を一層充実していくこと」[6] などの「大学等における知的障害者の学びの場づくり」に関する積極的な取り組みについて検討することが大学に期待されている。

　しかし，文部科学省が2017年度に全国の大学・短期大学を対象に実施した「開かれた大学づくりに関する調査研究」において，障がい者の生涯学習に関する実態について調査した結果をみると，地域社会に対する大学等の貢献のため実際に取り組んでいる項目として「障害者の生涯学習に関する取組を実施すること」をあげたのは，大学5.7％・短期大学1.5％，専門機関・組織が「ある」との回答は大学4.8％・短期大学3.2％，予算が「確保されている」との回答は大学4.7％・短期大学3.1％といずれも低い状況であった。また，オープン

カレッジ（公開講座を除く）を開設する予定が「ある」としたのは，大学3.2%・短期大学3.3%と低い割合だった。

　このように，大学に対して知的障がい者の学びの場づくりが期待されているにもかかわらず，あまり取り組むことができていない現状である。より多くの大学が取り組んでいくためには，日本のインクルーシブ教育システムの中で特別支援教育の延長線上にある現在のオープンカレッジや公開講座の内容や方法では，予算や人材の確保，体制整備などに限界があると思われる。したがって，より多くの大学が取り組みやすいインクルーシブ教育の内容や方法を検討することが必要である。

　日本の大学は，多様な分野を幅広く学ぶことができる総合大学が多く，福祉や教育を専門的に学び，実践することができるカリキュラムや体制が整備されているとは言い難い。そのため，知的障がい者の学びの場として特定の対象者のみのオープンカレッジや公開講座を実施することはハードルが高いように思われる。したがって，ユネスコが提唱している万人のための教育（EFA），つまり包括的で特定の対象者のみではなく，すべての人に開かれた世界的なインクルーシブ教育を目指す「インクルーシブ・カレッジ」の方がより多くの大学が取り組みやすいのではないだろうか。先の文部科学省総合教育政策局長通知においても，「共生社会の実現に向け障害の有無にかかわらず，共に交流し学び合う環境を整備」[5] し，「学びのユニバーサルデザイン」を目指すべきであると述べられている。このことからも，共生社会を実現する拠点としての大学は，知的障がい者だけでなく，特別な教育的ニーズを抱えるすべての人に開かれた「万人のための教育」，つまり「学びのユニバーサルデザイン」を目指すインクルーシブ・カレッジというシステムを実現するプログラムを検討することが必要であると思われる。

2 共生社会の実現における自然を通した プログラムの可能性

1 人類の共通善としての環境保全

「人間が完全に自然から離れることはない。あくまで人間は自然の一部だ」[7]（エーリッヒ・フロム），「自然には差別はなく，命は等しい」[7]（荘子）などの名言があるように，自然は人類，つまり子どもから高齢者，障がい者などすべての人たちが平等に共有するものである。そして，海洋生物学者，環境活動家であるレイチェル・カーソンが「私たちは自然の一部であり，自然から切り離されることはできない。私たちは自然界のすべての生き物と運命を共にしている。私たちは自然界に対して責任を持ち，その保護に努めなければならない」[8]と述べているように，自然を守ることはすべての人たちが責任をもって取り組む「共通善」[*1]である。したがって，環境保全は，子どもから高齢者，障がい者など誰もが一緒になって取り組むべき活動といえよう。

環境保全は，SDGs において，社会的包摂と経済成長と並び核となる目標であり，様々な面で目標達成に貢献できると考えられている。SDGs は，2015年の国連総会において全会一致で採択され，現在地球が抱えている「環境」「経済」「社会」の3つの側面における課題の解決を目指し，17の目標と169のターゲットが設定されている。「誰一人取り残さない（leave no one behind）」持続可能で多様性と包摂性のある社会，つまり共生社会の実現のため，開発途上国・先進国と国の状況を問わず，2016 年から 2030 年の 15 年間で達成すべき世界共通の目標とされている。

また，地球温暖化によって日本だけでなく世界中で異常気象による自然災害が発生し深刻な被害を受けていることから，環境問題はすべての人が自分事として取り組むべき重要な課題である。

以上のように，環境保全は，共生社会の実現に向けて，子どもから高齢者，

---

*1 共通善（common good）：個人や部分的な集団が追求する善（価値）ではなく，政治社会全体にとっての公共的な善（価値）を表す観念である（齋藤純一：共通善. 現代倫理学事典（大庭健編集代表），弘文堂，2006，p.187）。

障がい者などすべての人たちが一緒に取り組むべき共通善であるといえよう。

2 環境保全とは

　環境保全とは，環境基本法第4条において，「社会経済活動その他の活動による環境への負荷をできる限り低減することその他の環境の保全に関する行動がすべての者の公平な役割分担の下に自主的かつ積極的に行われるようになることによって，健全で恵み豊かな環境を維持しつつ，環境への負荷の少ない健全な経済の発展を図りながら持続的に発展することができる社会が構築されること」と定義されている。また，環境省は「環境保全コストの把握及び公表に関するガイドライン」[9] の中で，環境保全の取り組みについて，①地球全体の温暖化・オゾン層破壊・海洋汚染・野生生物種の減少その他の環境に影響を及ぼす事態を抑制する，②人の健康または生活環境に被害をもたらす公害を防止する，③天然資源の使用削減・再利用・リサイクルなど（水も含む），④その他，事業活動などによる環境への負荷となる活動を低減するなどをあげている。具体的には，以下のような環境保全の取り組みが行われている。

①　環境保全型農業（農林水産省）：化学肥料や農薬の使用を減らし，自然と共存する農業を推進している。

②　クリーンエネルギー（経済産業省）：再生可能エネルギーの利用を促進し，2050年までにカーボンニュートラルを目指している。

③　グリーンインフラ（国土交通省）：自然環境を活用したインフラ整備を進めている。

　また，日本は古来から里山において農業や林業を中心に地域の自然資源を活用し，環境を保全しながら自然と共に暮らしてきた。このような人間が自然の一部分として自然と共に生き，自然資源を利用しながら暮らす知恵が環境保全のために世界で見直され始め，「生物多様性の保全と人間の福利向上のために，里山のような人間が周囲の自然と寄り添いながら農林漁業などを通じて形成されてきた二次的自然地域の持続可能な維持・再構築を通じて『自然共生社会の実現』を目指す」[10] ために，2010年から「SATOYAMA イニシアティブ」が国際的に取り組まれている。また，2022年の生物多様性条約第15回締約国会議（COP15）では，2030年までに生物多様性の損失を回復させ，2050

年までに自然との共生を実現することが掲げられている。国内では 2023 年に生物多様性国家戦略を閣議決定し、「30by30」などの対策が進められている。

3 環境福祉の必要性

　以上みてきたように、環境保全は、子どもから高齢者、障がい者など誰もが取り組むべき共通善であり、自然と共生しながら取り組んでいくことである。したがって、特別な教育的ニーズを抱えるすべての人に開かれた「万人のための教育」を目指すインクルーシブ・カレッジにおいて、環境保全のプログラムは可能性があると思われる。そこで、環境保全の取り組みの中で、特別な教育的ニーズを抱える人たちが参加しやすいプログラムやシステムを検討する必要がある。そのためには、環境福祉の視点が重要である。

　環境福祉とは、炭谷[11] によると「環境と福祉の相互関係（作用としての環境福祉）」と「環境と福祉の融合する分野（領域としての環境福祉）」があり、環境と福祉の相互関係においては、「①環境の福祉問題への影響と効果」として、「環境による健康被害の発生、自然環境との接触の有無と子どもの成育への影響、登校拒否児、閉じこもりの青少年への環境教育、森林療法、園芸療法」がある。「②福祉の環境問題への影響と効果」は、「障害者、高齢者による環境活動（コミュニティガーデンの試み）、失業者による環境活動（グランド・トラスト運動）、ボランティア、市町村社会福祉協議会による環境美化活動」「③環境、福祉間の双方の関係」では、「途上国の環境と貧困問題」があげられる。そして、環境と福祉の融合においては、「①行政的取り組み」として「環境福祉都市の建設」「②社会的取り組み」として「企業の社会的責任（CSR）論」「③産業的取り組み」として「環境福祉産業の創出」があるという。

　このように、自然は子どもから高齢者、障がい者、失業者など福祉的課題を抱えた人たちにとって必要であり、自分たちにとって大事な自然を守るために環境保全に取り組むという福祉と環境の相互作用が生まれやすいと考えられる。したがって、インクルーシブ・カレッジの環境保全プログラムにおいて、環境福祉の中で、特に環境と福祉の相互関係を考慮したプログラムの内容が重要となってくると思われる。そこで、インクルーシブ・カレッジにおける環境と福祉の相互作用プログラムを、先行研究や実践から可能性を検討する。

1）子どもの心身の健康に必要な自然

　2005年にアメリカの著述家であるリチャード・ルーブが,『あなたの子どもには自然が足りない』において, 子どもが自然にあまり触れず, 家の中でゲームなどばかりして育つことで, 様々な精神的不安定やそれに伴う症状がもたらされる「自然欠乏障害」を指摘した[12]。そして,「子どもの体験活動の実態に関する調査研究」では, 自然体験をするほど, 子どもが健全に育つことが報告されている[13]。また, 不登校・ひきこもりの子どもたちを支援する「不登校・ひきこもり児童生徒の環境教育による支援事業」によると, 子どもたちは自然の中での経験で元気のでなかった心身が活性化し, 自然との触れ合いは精神の浄化作用が期待されるという[14]。

　このように, 自然体験は子どもたちの心身の健康にとても重要である。したがって, インクルーシブ・カレッジのプログラムとして, 子どもたちは大学キャンパス内の自然や近くの里山や雑木林, 公園などで環境保全活動による自然体験を通して, 自分たちの心身の健康に取り組むことができると思われる。

2）森林療法

　森林療法（forest therapy）とは,「個人あるいは複数の健常者, 罹病者, 高齢者, 障害者などを対象に, リハビリテーション, 風致作用の享受, 心理的な癒し, 作業療法, 環境形成などを目的にし, 多様な地形, 面積, 散策路を持つ針葉樹林, 広葉樹林, 混交林において, 定期的, あるいは不定期, 季節毎などにレクリエーション, 作業活動, 休養, カウンセリングなどを行い, リハビリテーション効果, 保健休養効果などを得ることを目指す療法」[15]である。

　先行研究や実践において, 森林療法は認知症高齢者や障がい者の多動傾向や異食行動, 破壊行為などの減少や身体機能, コミュニケーションの向上などの効果があるという。上原によると, 森林療法の場は「雄大で荘厳な森林をはじめ, 身近に存在する里山, 雑木林, 地域に残る鎮守の杜, そして各地の手入れ不足の放置林など, 有名, 無名を問わず, そこにある森林に出かけ, 森の道を歩き, 木漏れ日の射す静かな場所でたたずみ, 林床や切り株に座るなど, 特別な森林を必要としない」[15]とされている。したがって, インクルーシブ・カレッジのプログラムとして, 認知症高齢者や障がい者が大学のキャンパス内の木々や近くの里山や雑木林, 神社仏閣の鎮守の森を保全することを通して, 自らの

心身の健康づくりに取り組むことができると思われる。

3) 園芸療法，園芸福祉

園芸療法（horticultural therapy）とは，「医療や福祉分野をはじめ，多様な領域で支援を必要とする人たち（療法的かかわりを要する人々）の幸福を，園芸を通して支援する活動」[16]，「植物（庭，グリーンハウスを含む）あるいは植物に関連する諸々の活動（園芸，ガーデニングなど）を通して，身体，心，精神の向上を促し，かつ鍛える療法」[17] と定義されている。園芸療法は，1950年代からアメリカでは主に戦争からの帰還兵の心の癒しの手段として，北欧ではノーマライゼーションの一環で障がい者の社会参加や社会復帰として発展し，現在は主にリハビリテーションやうつ病などの精神性疾患の治療を目的に行われている。日本には1970年代に紹介され1990年代に定着し，医療ではリハビリテーション，精神・慢性期医療，緩和ケアなどで，ストレス軽減，意欲向上，身体機能の維持や回復・痛みの軽減などを目的として行われている。高齢者福祉では認知症予防・進行抑制，対応困難行動やうつ症状緩和，日常生活動作や生活の質の維持・向上など，障がい者福祉では自立訓練や就労支援などを目的に行われている。

しかし，園芸療法は支援を必要とする人に対象が限定されていることや園芸療法士などの専門職を必要とするため，対象が限定されず専門職を必要としない園芸福祉の方がより多くの人たちが参加しやすいかもしれない。

園芸療法や園芸福祉（p.83コラム参照）は，インクルーシブ・カレッジのプログラムとして多様な領域で支援を必要とする人たちや学生，地域住民が一緒になって，大学のキャンパスや近くの公園や街角などで園芸による自らの心身の健康づくりを通して，環境保全の活動に取り組むことができると思われる。

4) コミュニティガーデン

コミュニティガーデンとは，地域に住む個人またはグループが自主的に集まり花や植物を栽培するオープンスペース，またはその活動や取り組みを指す。行政が運営する公園などの公共スペースとは異なり，地域住民が中心となって場所の選定から企画，設置，運営，維持管理まで行うことが特徴である。場所や大きさは多様で，街角の花壇や公園，建物の中庭や屋上，学校や病院などの

共用スペース，空き地などを活用した畑，都市型農園などである。コミュニティ
ガーデンは，1970年代に不景気から街全体が犯罪の温床となって荒廃し，ご
みだらけとなっていたニューヨークにおいて，一人の女性が周囲に働きかけて
ごみを撤去し，木や花を植えて空き地を再生したことがきっかけとなり活動が
広がったとされている。現在では，子どもの学習，青少年の更生，農作物の生
産や販売，失業者や移民，障がい者の雇用，園芸療法など多様な目的で行われ
ている。そのため，日本においても，コミュニティガーデンは安全なコミュニ
ティづくり，食文化の充実や食糧の安全保障，心身の健康改善・向上，環境課
題の解決や持続可能な地域づくりなど様々な社会的な役割が期待されている。

　このように，環境問題や社会問題の解決に寄与する可能性があるコミュニ
ティガーデンであるが，適した土地や資金の確保，参加メンバーの意欲の維持
などの課題がある。そのため，自治体と協力したり，学校や民間企業などと提
携することが必要となってくる。そのような中，大学は設置基準によって，敷
地には学生が休息やその他に利用するのに適当な空き地を設置することが義務
づけられており，いくつかの大学では補助金や助成金を活用しながら地域住民
と共にコミュニティガーデンを行っている。そこで，インクルーシブ・カレッ
ジのプログラムとして，大学内の敷地や近くの花壇，公園などを活用して，地
域の子どもの環境教育や健全育成，子育て中の親子の交流や食育，高齢者のフ
レイル予防や居場所づくり，障がい者の自立訓練や就労支援，雇用など学生と
地域住民が一緒に企画，運営，維持管理を行っていくことも可能性があると思
われる。

3　自然を通したプログラムによる大学を拠点とした共生の可能性

　共生社会の実現に向けて，環境保全は子どもから高齢者，障がい者などすべ
ての人たちが一緒に取り組むべき共通善であり，その中で特に環境福祉の環境
と福祉の相互作用が生じるプログラムは，特別な教育的ニーズを抱えるすべて
の人に開かれた「万人のための教育」を目指すインクルーシブ・カレッジのプ
ログラムとして可能性があると思われる。

　具体的には，子どもから高齢者，障がい者などが大学のキャンパス内の空き

地や自然，近くの里山，雑木林，公園，街角の花壇，鎮守の森などで学生や地域住民，自治体，民間企業などと一緒になってコミュニティガーデンというコモンズ*2 を企画，運営，維持管理をし，自分たちの心身の健康づくりや居場所づくり，就労などを通して環境保全に取り組む環境福祉プログラムである。

　このような自然との共生社会の実現を目指す環境福祉プログラムを実施するインクルーシブ・カレッジこそ，世界が求める真のインクルーシブ教育を実施することができ，このインクルーシブ・カレッジに取り組む大学が拠点となって，共に生きる社会や地域の実現に向けて貢献できるのではないだろうか。

引用文献

1) デジタル大辞泉：共生. 小学館. https://daijisen.jp/digital/（2024 年 9 月 1 日アクセス）
2) Web 版新纂浄土宗大辞典：共生（ともいき）.
   https://jodoshuzensho.jp/daijiten/index. php/（2024 年 9 月 1 日アクセス）
3) デジタル大辞泉：共生社会. 小学館. 文献 1）URL（2024 年 9 月 1 日アクセス）
4) 和秀俊：大学における社会貢献. 大学における地域貢献の成果について（番匠一雅，川名正昭ほか）. 田園調布学園大学紀要，2015；10；330-331.
5) 文部科学省：共生社会の形成に向けたインクルーシブ教育システム構築のための特別支援教育の推進（報告）. 2012.
6) 文部科学省：障害者の生涯学習の推進方策について―誰もが，障害の有無にかかわらず共に学び，生きる共生社会を目指して―（報告）. 2019.
7) LIVE THE WAY: 自然に関する名言 40 選.
   https://live-the-way.com/life/nature/（2024 年 9 月 5 日アクセス）
8) note：レイチェル・カーソンの 3 つの名言で学ぶ自然とのつながりの大切さ. https://note.com/taira_sakaki/n/n81238c14f9a3（2024 年 9 月 5 日アクセス）
9) 環境省：環境保全コストの把握及び公表に関するガイドライン，1999.
10) SATOYAMA イニシアティブ国際パートナーシップ：SATOYAMA イニシアティブ.
    https://satoyama-initiative.org/ja/concept/satoyama-initiative/（2024 年 9 月 5 日アクセス）
11) 炭谷茂：環境福祉の考え方. 環境福祉学入門（炭谷茂編著），環境新聞社，2004，p.27.
12) リチャード・ルーブ著，春日井晶子訳：あなたの子どもには自然が足りない，早川書房，2006.（＝Richard Louv：Last Child In The Woods：Saving Our Children From Nature-Deficit Disorder, Algonquin Books, 2005.）
13) 国立青少年教育振興機構：「子どもの体験活動の実態に関する調査研究」報告書［平成 22 年度］，2010.
14) 炭谷茂：環境福祉の考え方. 環境福祉学入門（炭谷茂編著），環境新聞社，2004，p.15.

---

*2　コモンズ（commons）：共同で管理する共有地（入会地）のこと。

15) 上原巌：森林療法とは何か. 森林技術, 2010；819；2-9.
16) 日本園芸療法学会. https://www.jwht-assc.jp/（2024年9月5日アクセス）
17) 瀧邦夫：そもそも園芸療法とは. 園芸療法（グロッセ世津子編著）, 日本地域社会研究所, 1994, p.20.

参考文献

IDEAS FOR GOOD：コミュニティガーデンとは・意味. https://ideasforgood.jp/glossary/community-garden/（2024年9月5日アクセス）

外務省：JAPAN SDGs Action Platform. https://www.mofa.go.jp/mofaj/gaiko/oda/sdgs/about/index.html（2024年9月5日アクセス）

原田琢也・伊藤駿編著：インクルーシブな教育と社会, ミネルヴァ書房, 2024.

中村信雄：インクルーシブ教育の視点による学校教育の変革の可能性について－ユネスコのインクルーシブ教育の理念と実践について－. 東京理科大学教職教育研究, 2018；4.

みんなの障がい：共生社会の実現とは？具体的に何をする？私たちにできることは. https://www.minnanosyougai.com/article1/（2024年9月1日アクセス）

文部科学省：平成29年度開かれた大学づくりに関する調査研究. 2018.

Spaceship Earth：環境保全とは？ 取り組みや個人でできることをわかりやすく解説. https://spaceshipearth.jp/environmental_conservation/（2024年9月5日アクセス）

寺谷直輝：知的障害者を対象としたオープンカレッジが持つ正規課程教育への包摂の志向性－猿田真嗣による「教育対象の拡張」と「教育の場の拡張」を分析視角として－. 人間発達学研究, 2023；14.

コラム

園芸福祉と共生社会

武山　梅乗

　近年，農福連携に代表されるように，農業や園芸が福祉資源として注目されてきている。しかし，その一方で，農業と福祉の連携によって，農業分野では担い手の確保や遊休農地の解消，福祉分野では障がい者や高齢者の就労の場の確保や健康増進が期待できるといったような，農業と福祉の win-win の関係を議論する場においては，農業や園芸を市民社会の基盤として，共生社会の実現に向けたインフラとして捉える視点が欠落しているのではないだろうか。

　特定非営利活動法人日本園芸福祉普及協会によれば，園芸福祉とは，「花や野菜，果物，その他の緑の栽培や育成，配植，交換・管理・運営，交流などを通じて，みんなで幸福になろうという思想であり，技術であり，運動であり，実践」[1] である。園芸福祉がどのような思想，技術，実践であるのかについては，研究成果が少しずつ蓄積されつつある。園芸福祉の思想を整理した松尾英輔は，園芸療法との比較の上で園芸福祉を捉え，園芸福祉を「療法的かかわりを必要とする対象者に対して，きちんとした治療としての手続きを踏みながら，園芸活動を通して治療，リハビリテーション，介護ケアを実施する」園芸療法と園芸リクリエーションからなる活動であるとする[2]。

　園芸福祉は，園芸療法の限界を克服すべく誕生した思想，技術，運動，実践である。「植物（庭，グリーンハウスを含む）あるいは植物に関連する諸々の活動（園芸，ガーデニングなど）を通して，身体，心，精神の向上を促し，かつ鍛える療法（日本緑化センター）」であり，作業療法の一つとして位置づけられる園芸療法が海外でそれを学んできた実践者たちの手によって日本に紹介されたのは 1980 年代のことであり，1990 年代に入ると園芸療法に対する社会の関心が急激に高まっていった。同じ時代に全国で官民様々な主体が取り組んでいた「まちづくり」のプロセスの中で園芸療法の活用意向を持ったコミュニティが全国に現れた[3]。

　しかし，同じく 1990 年代，園芸療法に対する社会の関心が高まる一方で，

園芸療法をめぐる定義に大きな混乱が生じるようになった。その混乱の原因は園芸療法に内在する園芸性と療法性との間の葛藤であるといえる。園芸療法はその園芸性に由来する様々な効用，例えば，生産はもちろんのこと，経済や身体，心理・情緒，環境，教育など多岐にわたる効用を持ち，その多様な効用こそが，地域活性化を推し進めていた人々が自らの地域に園芸療法を取り入れようとした最も大きな動機であった。しかし，例えば「治療とリハビリテーションという目的のためにこれを利用する場合のみ園芸療法の呼称を用いる」といったような，その専門的かつ療法的な技術としての側面を強調する定義は，園芸療法が園芸を用いて行う療法であることに由来する様々な効用を地域にもたらすことに大きく制限をかけてしまうことになる。いわば園芸療法は，「療法的なかかわりを必要とする対象者」とそうでない人の間に療法性をめぐる不要な分断を生じさせてしまったのである。

　これに対して園芸療法から派生した園芸福祉は，農業や園芸の持つすべての効用を十全に活用し，「療法的なかかわりを必要とする対象者」もそうでない者も共に活用できるプラットフォームを構築する運動であると捉えられる。運動として園芸福祉を捉える場合，それはあらゆる点で「新しい社会運動」と親和的である。Offe は，「新しい社会運動」を中央集権的な社会システムやそれをメンテナンスしようとするテクノクラートに対する運動として捉えており，それゆえにそれは必然的に個人の自律を希求し，アイデンティティの承認を目指す闘争となり，運動のイシューは「身体的なテリトリー，行為する場所，身体，健康，性的なアイデンティティといった『生活世界』，近隣や自治体や物理的な環境，文化的でエスニックな，あるいはナショナル，言語的なアイデンティティ，生活状況」[4] など多岐にわたるとみている。その「新しい社会運動」の特徴は，園芸福祉の実践の中にも数多く見出すことができる[5]。

　園芸福祉は，その対象を「療法的なかかわりを必要とする対象者」に限定せず，花や緑，植物を介して，様々な身体的，性的，文化的，経済社会的，エスニックなアイデンティティを持つ者たちが対等な立場で「対話」する場を構築しようとする思想であり，運動であり，実践であるといえる。

　花や緑，植物は人を選別などしない。接し方を工夫したりアレンジしてみたりすることで，花や緑，植物はすべての人に平等に様々な効用をもたらす。ま

た，花や緑，植物はすべての人の視線を同じ方向に向ける。そのような考えのもとに実践される園芸福祉は，共生社会を実現するための有効なツールとなるはずである。

引用文献

1) 日本園芸福祉普及協会. http://www.engeifukusi.com.（2024年9月27日アクセス）
2) 松尾英輔：園芸福祉—園芸の療法的活用とリクリエーション的活用—. 農業および園芸, 2013；88；32-42.
3) 長尾譲治，武山梅乗：＜園芸療法＞の境界線—園芸療法の社会福祉モデルとコミュニティ. 駒澤社会学研究，2002；34；29-90.
4) Offe, C.：New Social Movements：Challenging the Boundaries of Institutional Politics. Social Research, 1985；52；817-868.
5) 武山梅乗：「未発の社会運動」としての園芸福祉—「新しい社会運動」論の視点から—. 駒澤社会学研究，2015；47；169-191.

第7章

震災後の福島で考えた共生

黒田　美保

　2011年3月11日東日本大震災が起こり，福島では東京電力福島第一原子力発電所（福島第一原発）で3つの原子炉が同時にメルトダウンを起こすという大きな被害を受けた。筆者は広島市生まれということもあって，原発事故が起こった福島に対してなにかお手伝いをしたいと思い続けていた。震災後の福島を何度か訪ね，福島大学に「子どものメンタルヘルス支援事業推進室（以下，推進室と表記）」が設立されることになり，そのスタッフ募集が始まるとすぐに応募した。そして，勤めていた大学を辞め，家族もおいて特任教授として，福島大学に赴任することにした。赴任時に福島駅に降り立ったとき，ピンとはった空気を感じた。その感覚は，今も新幹線を降りるたびに感じる。東京のどよんとしたまとわりつくような空気とともに東北新幹線に乗り，郡山や福島の駅で降りたときに感じる凛とした少しひんやりとした空気の中で，いつも背筋が伸びる気がする。

　さて，筆者が福島大学に赴任したのは，震災後3年を経た2014年である。福島大学に，震災後の子どもとその親のためのメンタルヘルスの支援部門が大学直轄でつくられたのには，東日本大震災という未曾有の災害に加えて，福島には原発事故処理が遅々として進まないという大きな課題があったからである。環境の急激な変化，常に不安にさらされている状況などから，子どももその周りの大人もメンタルヘルスの不調が大きくなっていた。こうした状況の中で，筆者の仕事は，福島大学で教授を務めておられた児童精神科医の内山登紀夫先生（現・福島学院大学副学長）や他の教員の人たちと連携して，福島県内で子どもとその親への心理支援をすることだった。筆者たちの推進室は，筆者以外に児童精神科医の桝屋二郎特任教授，心理士の中村志寿佳助教・野村昂樹助教の体制で，福島県内のいろいろな場所へと出掛けて支援を行った。その活動をここでは振り返り，そこから学んだ地域での共生の在り方，また，公認心理師としての視点と発達障がいの専門家としての視点から考えた地域での共生

の在り方について考察する。

1 福島大学子どものメンタルヘルス支援事業推進室の活動

　福島大学子どものメンタルヘルス支援事業推進室が置かれた背景は簡単に書いたが，震災以降の福島にはメンタルヘルス上の問題が多くあった。現在は，福島県立医科大学に置かれた放射線医学県民健康管理センターにおいて，県民全体のメンタルヘルスに関する調査が行われ，多くの報告がされている（同センター WEB サイト「研究・論文」，https://fhms.jp/publication/）。筆者が福島大学に赴任した当時は，震災直後に比べ福島県全体の子どもたちのメンタルヘルスは徐々に改善傾向にあったが，東北の他県に比べると低い状態だった。さらに，被災地域の子どもたちの抑うつ度やイライラ度が他地域よりも高く，女子中学生の抑うつ度が特に高いことが明らかになっていた。さらに，不登校の増加率が全国平均よりも高い状態だった。また，被災地域の児童虐待の増加があり深刻化していた。震災後の避難生活や放射能への不安から外遊び制限をしている影響なのか，就学前児童の問題行動も増加しているとの報告もあった。トラウマケアの不足や放射能不安へのケアの不足のために，事例化まではしていないが要支援の子どもがたくさんいると考えられていた。当然ではあるが，子どもを育てる大人のメンタルヘルスも悪化（自殺数増加，放射能不安，アルコール依存などの依存症）しているなどの問題もあった。

　しかしながら，福島県は，震災以前から，子どもや親子が利用できるメンタルヘルス関連の資源が少なく，専門家も少ない状態だった。こうした中で，「ペアレント・プログラム」「心の授業」「学校巡回相談」「医療活動」の4つの活動を柱として，推進室の活動は始まった（図7-1）。推進室の特徴は，地域コミュニティを中心とした支援ということであり，大学で地域の相談を待っているのではなく，自ら地域に出かけていくというアウトリーチ型の活動であった。また，児童精神科医と心理士がスタッフであり，専門性の高い支援を地域に届けることを使命としていた。その一方で，マンパワーの少ない中で，こうした専門性をどう地域コミュニティに根づかせるかという課題も抱えていた。

　推進室の活動内容であるが，ペアレント・プログラムの活動は次の節で詳し

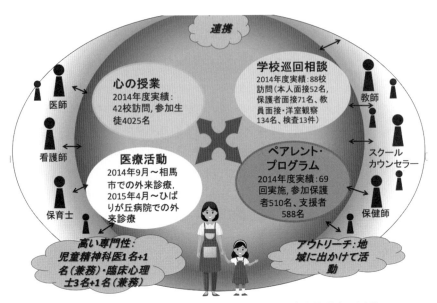

図 7-1　福島大学子どものメンタルヘルス支援事業推進室の活動

(筆者作成)

く述べるので、それ以外の活動を簡単に述べる。

1) 心の授業

　問題が起こってから対処するのではなく、心の回復力や現実の対処能力を予防的に向上させることを目標とするストレスマネージメントのプログラムである。①自己評価をよりよく保つ、②感情の切り替え方を知る、③リラクゼーションの方法を知る、④大人に相談するについて、小学1年～高校3年までを対象として、アウトリーチで地域の学校に出向いて、学級単位や学年単位で授業を行った。この活動は、推進室を学校に知ってもらうきっかけにもなるもので、2011年7月より、浜松医科大学が震災被害の大きかった学校を対象に実施し、その後県内の小・中・高等学校で継続的に実施していたものに協力する形で開始した。

　しかしながら、予防的なプログラムとして、震災の被害の有無、大きさ等に関係なく、すべての学校で実施することが望ましいとされていたが、マンパワーの不足と資金不足で、当時は、授業を希望した学校への実施にとどまっていた。1回では効果が少ないので、日常的に活用されるプログラムとして、教

員やスクールカウンセラーも行えるように研修や啓発が必要だと考えられ，プログラムを改良して徐々に教員やスクールカウンセラーへと引き継いでいった。

2）学校巡回相談

　児童精神科医と臨床心理士のチームで各学校へ訪問し，対応が難しい気になる児童生徒に対して支援を行った。具体的には，本人や保護者への面談，教職員へのコンサルテーション，授業での行動観察，事例検討会での助言，心理検査の実施，関連機関との事例検討などを行った。医療対応が必要な児童生徒に対して，医師が訪問し支援を行うことで，学校からのニーズも高い活動だった。

　課題としては，巡回相談では，教員が気づいた児童生徒への相談がほとんどであり，表立った問題がない児童生徒の潜在的なニーズへの対応はできていなかった。また，公立の学校への訪問が中心で，私立校や幼稚園などへの支援まではできなかったが，やはりマンパワー不足の問題が否めず，最終的に解決できなかったと考えている。

3）医療活動

　学校支援でも医療対応が必要な児童生徒が多数見つかっていたが，特に沿岸部では児童精神科医師や児童精神科医療機関の不足が深刻で，受診が難しくなっていた。児童精神科医療の充実を要望する相双地域住民からの署名が相馬地方市町村会に提出され，会より推進室および福島大学に正式依頼があった。相馬市と南相馬市で「福島大学子どものメンタルヘルス支援事業推進室外来」を開設し，地域の児童精神科医療に貢献した。その他，会津若松市や郡山市でも推進室の医師の診療が実施された。

　2021 年，推進室は 7 年間の役割を終え事業終了となった。最終的に，推進室では福島県との連携を中心に，「学校支援」「家族支援」「医療支援」「支援者養成」の 4 つの事業を支援の柱として取り組む形となっていた。最終年度には，コロナ禍におけるメンタルヘルス支援の必要性の高まりを受け，「学校支援」として 176 校を訪問，6,828 名の生徒，保護者や支援者に携わり，「家族支援」では，ペアレント・プログラムを 48 回実施，623 名の保護者や支援者に携わった。また，「医療支援」では，推進室スタッフおよび客員教員による外来診療や南相馬市での相談対応を行い，「支援者養成」では，新型コロナウイルス感

染症の対応を含めた学校臨床における家族支援の研修会等を開催した。

2 ペアレント・プログラムの活動

1 福島県でのペアレント・プログラム

　福島大学で筆者が最も力を注いだ活動は，子どもを育てる親支援として行ったペアレント・プログラム（以下，ペアプロ）である。アウトリーチ型の活動だったので，推進室のために大学が購入してくれた公用車で出掛けて行き，日帰りできず，時には，出先で宿泊したりもした。当時は，鉄道は地震で途切れたまま復旧していない場所も多く，車での移動は必須だった。福島は広い。沿岸部のいわき，相馬，南相馬と，郡山，会津では，風景も気候も随分違っていた。そういえば，震災支援に携わるようになって，「中通り」「浜通り」の意味も理解できた。福島第一原発の事故で避難を余儀なくされた大熊町から多くの人が会津に避難していたが，大熊町ではほとんど雪が降らないため，雪深い会津で雪が降り始めたとき，大熊町からの避難の人たちはワイパーを上げることをご存知なく，ワイパーを会津の人たちが立てて歩いたという心温まる話を聞いたこともある。

　福島に赴任した翌年の 2015 年，福島県では会津若松，南会津，相馬，南相馬，いわき，郡山などの地域において，ペアプロが 69 回実施され，延べ保護者 510 人，支援者 558 人が参加した。避難生活の長期化により，子育て環境が悪化している福島県では，ニーズの非常に高い保護者支援プログラムとなった。参加した母親の感想として，以下のようなものがある[1]。

> 目線を変えることによって，子どもの良いところを沢山見つけることができました。他のお母さんたちと子育てに関する話ができて楽しかったです。日頃どうしても困ったところばかりに目がいってしまいがちだった私の子育てですが，"笑顔"で"楽しい"子育てをしようという気持ちが出てきました。「アレ？ウチの子って，こんなこともできるいい子じゃん！」と気づくことができました。

　その後，毎年，実施地域と参加人数は増加していった（表7-1）。

表 7-1　2014 〜 2018 年度までのペアレント・プログラムの実施地域

実施年度	市町村名
2014	相馬市，南相馬市，いわき市，郡山市，会津若松市，南会津町
2015	南相馬市，いわき市，本宮市，天栄村，白河市，会津若松市，南会津町
2016	南相馬市，いわき市，伊達市，本宮市，天栄村，白河市，会津若松市，
2017	浪江町，いわき市，伊達市，郡山市，会津若松市，南会津町
2018	浪江町，伊達市，郡山市，会津若松市，南会津町

(筆者作成)

　県の発達障がい者支援センターは，親子支援の大きな役割を担ってくれた。推進室ができた 2014 年の 1 年目は県の発達障がい者支援センターでペアプロを実施し，次年度は当センターでペアレント・トレーニング（以下，ペアトレ）を実施した。それを支援センターの心理士さんたちが実施できるようになり，2016 年度は支援センター独自でペアトレを実施できるようになった。地域でペアプロを受けても問題が解決できなかった親子が，支援センターでペアトレを受けられる，そういう県全体のシステムができ上がった。

　福島における地域のペアプロの特徴は，県の保健福祉部こども未来局，つまり行政が推進しているのが大きなポイントである。日本でも，現在，いろいろなところでペアプロが行われるようになってきたが，やはり行政が取り組んでくれないと，民間だけで都道府県レベルで長期間にわたり事業を継続していくのは難しいと感じている。福島では県の予算によって，多くの地域で実施ができるようになっていることにも大きな意味がある。

2　ペアレント・プログラムの概要

　発達障がいをはじめとした，育てにくさのある子どもへのアプローチとしては，本人への支援はもちろんであるが，家族支援が重要である。子どもへの理解が進むことで，日々の生活の中で，親を中心とした家族の子どもへの対応が変わり，子どもも安定し成長することができる。

　家族支援の方法として効果の示された方法にペアトレがある。ペアトレとは，親が子どもの行動について目標行動の設定，行動の機能分析をできるよう

になり，環境調整，そして，子どもへの肯定的な働きかけを習得していくものである。しかし，指導できる専門家が少ないことや肥前式，精研式など方法が統一されていないといった問題により普及が遅れていた。最終的に，福島県の発達障がい者支援センターでペアトレを実施することになったが，地域コミュニティで行うものとしてはペアプロの実施を推進した（図7-2）。

　ペアトレの汎用版と位置づけられるペアプロは，地域コミュニティで心理士でなくても，社会福祉士，保育士といったいろいろな職種の人がファシリテーターとして実施できることを目指して開発された[2]。ペアプロでは，保護者の子どもへの認知を変えることで，子育てを楽しいものにし，子どもとの関わりをポジティブなものにすることを目的としている。発達障がいの子どもを育てる親だけでなく，子育てを苦手と感じている親，周りに子育てを助けてくれる人がいない親など，子育てに悩む親すべてを対象とする。実際に，福島では虐待の懸念がある親などもペアプロの対象となっていた。また，幅広い年齢層に適応可能で，幼児から青年期の子ども（ひきこもりなど）を育てる親を対象とすることができる。同時に，ペアプロは，地域の保健師，保育士，福祉士といっ

図7-2　南相馬市でのペアレント・プログラムの様子

（日本経済新聞社提供，2016）

た子育てに関連する心理士以外の職種の人が，グループに陪席しながら学ぶというシステムをとっている。この陪席トレーニングにより，心理の専門家の少ない地域で，子どもに関わる専門職のスキルアップ，心理士以外の職種でもペアプロを実施することが可能となるという点が大きな特徴である。これにより，様々な地域で，その地域の専門家によって，その地域に住む親全体への支援が可能となる。

　実施方法としては，1グループ約10名の母親（父親や祖母なども）から構成される小集団で行い，6回を1クールとする（表7-2）。1回1時間半程度で，各回のテーマを決めて実施する（第1回現状把握表を書く，第2回行動で書く，第3回同じ行動カテゴリーを見つける，第4回ギリギリセーフを見つける：何とかなっている状況を見つける，第5回ギリギリセーフをきわめる：困っている行動の中でもできている部分を考えていく，第6回ペアプロで見つけたことを確認する）。講義を一方的に聞くのではなく，母親同士のペアをつくり，2人でテーマについて話し合うペアワークを多く取り入れ，グループダイナミクスによる効果もねらったプログラムである。また，毎回宿題が出され，プログラムで学んだことを家庭生活の中で汎化できるようになっている。支援者研修は，ペアプロについての講義を事前に受け，その後実際に6回のプログラムに参加し，毎回のセッション前後に実施される支援者ミーティングに出席することによって，自分の地元でファシリテーターとしてペアプロを実施できるようになっている。

表7-2　ペアレント・プログラムの構造

第1回	ガイダンス，現状把握表の書き方
第2回	行動で書く
第3回	行動のカテゴリーを見つける
第4回	ギリギリセーフ！を見つける
第5回	ギリギリセーフ！をきわめる
第6回	ペアプロで見つけたことを確認する

(筆者作成)

94　第7章　震災後の福島で考えた共生

3　ペアレント・プログラムの意義

　簡単にまとめると，ペアプロは親の認知を変えることに重点が置かれていて，実際の子どもの行動を変えようとはしない。子どものありのままを受け入れられるように親の考え方を変えることが重要視される。しかし，親の考え方が変わり行動が変わると，実際には子どもも変わっていく。今まで子どもを「明るい子」「頑固な子」「だらしない子」といったイメージで捉えていた親が，子どもを行動で見ようとし，子どもの行動をよく見るようになった。わが子の行動を見ることを学び，良い行動とは，「人より優れているとか一番であることではなく，適応行動である」と，親の認識を変えてもらうことが重要なのである。親が身につけるスキルとしては，行動を見て効果的に「ほめる」ことのみである。そして，ほめ方を習うだけではなく，宿題という形で実生活の中で，子どもをほめることを実践してもらうわけである。現状把握表という行動を整理する表を通して，子どもの「良いところ」に気づき，それをほめていくという非常にシンプルなプログラムであることで，コミュニティのすべての親が家庭で実行することが可能だった。

　ペアプロのもう1つの特徴は，親自身の行動の分析をしていくプロセスにあると考えている。それを通して，多くの親は，自分がいかに頑張っているかに気づく。発達障がいの子どもを育てていたり，子育てが苦手・重荷と感じたりしている親は，子育ての自信を失っている人が多いが，その自信を取り戻すことができたと思う。子どもに積極的に関われるようになることで，実際に，うつ症状を調べる尺度であるBDI-Ⅱ（ベック抑うつ質問票第2版）の値が，多くの人においてペアプロの後に改善していた。この結果は，親の子育てへの自信の回復と自己評価や自己効力感の改善を反映していると考えられる。この自信の回復に関しては，ペアワークも大きな効果を与えていたと思う。ペアプロの場合は，ファシリテーターはあくまでも黒子であり，基本的には親のペアが活動の中心となってプログラムが進行していくといっても過言ではない。お互いに悩みを言ったり，うまくいった経験を話してアドバイスをし合ったり，みんなの中で話すのが苦手な人も気軽に自分の意見を言えるような環境設定である。このペアでの話し合いが，基本になっていることも，親の自己効力感を上

げていると考えられた。

　さらに，ペアプロに参加することで，孤独を感じていた親に地域コミュニティの中で仲間ができたということも，親の自己効力感や安心感を醸成したと思われる。ペアプロの活動が終わって，筆者たちが地元のスタッフと振り返りや打ち合わせを1時間ほどして外に出ると，そこでペアプロに参加していた親の人がおしゃべりに花をさかせていることがよくあった。

　ペアプロは，発達障がい支援において，既存の地域機関の専門性を高め，組織化することで，医療モデルと実際の母親や家族のニーズをつなぎ合わせる膠の役割を果たしていると考えられる。今まで，日本では，医療，地域の支援機関，そして，ニーズのある親がうまく連携できず，医療モデル，社会モデル，実際の子育てが個別に存在する形になっていた。しかし，ペアプロを実施するための体制づくりを通して，子育てに関する家族のニーズを地域の社会的資源が拾い上げ，そこでペアプロを行うことで，そのニーズに応えていくことが可能となった。福島では現在，親子支援の大きな柱となっている。

3 ┃ トラウマケアの研修と避難の聞き取り

　福島大学の推進室の活動で，もう1つ取り上げたいのは，トラウマケアの研修と避難の聞き取りを行ったことだ。福島には，当時，多くの心理学の研究者が訪れていた。イギリスの Richard Mills 博士，デンマークの Cristopher Gillberg 博士などは，発達障がいの専門家で以前から筆者が親しくしていた研究者だが，彼らは，震災という大きな災害の中で，脆弱性の強い発達障がいの子どもたちがどのような影響を受け，そこから立ち直るための支援をどうすればよいのか，また，その支援をしたいと申し出てくれた。その中でも，アメリカから来てくれた Douglas W.Walker, PhD (Chief Programs Director - Mercy Family Center, New Orleans, Louisiana, USA, 2015 年当時) は，福島大学に数か月間滞在して，トラウマケアの研修を行ってくれた。地域コミュニティの一般向けの研修では，トラウマの考え方やトラウマの症状などの説明，そして家庭で親がトラウマを抱えた子どもに対してどういう対応をするとよいのかを話してくれた。また，医師や心理士など，専門的にトラウマケア

を行う側への研修もあった。そこでは，集団でのトラウマケアの方法と個別の
トラウマケアの方法など，入門だけではあったが，東北地方で研修を受ける機
会を持てた医師や心理士は多かったと思う。英語の下手な筆者が通訳すること
になって，一緒に各地域を訪問したのも懐かしい思い出である。

　また，同時に，Douglas 先生は，トラウマの研究者として原発事故のあっ
た地域に住んでいた人たちの避難状況の聞き取りなども行っていて，それにも
同行した。避難状況やその状況を聞くと，これが同じ日本で起こったことなの
かと思うことも多かった。2011 年 3 月 11 日，筆者は東京の自宅に子どもた
ちといて，大きな揺れに驚き，テーブルの下に子どもと一緒に隠れた。同じと
きに，福島第一原発の周辺地域では，何が起こったかもわからないまま，多く
の人が逃げ惑っていたのかと考えると，目頭が熱くなることも多かった。

　あの地震の 2 日後，筆者は仕事でイギリスに飛び立ったが，イギリスでは日
本とはまったく違うニュースが流れていたのが印象的だった。政府は，福島第
一原発の爆発はただの水蒸気であり放射能は含まれていないと述べていた。イ
ギリスの BBC をはじめとした報道機関は，放射能の含まれた爆発だと述べ，
そして，地獄の入り口として破損した発電所の写真を報道していた。この経験
を通して，報道が政府によって操作されることを実感した。帰国してみると，
福島の人の避難後の様子はよく報道されたが，避難中の様子はあまり知ること
がなかったので，聞き取りの中でその様子を筆者は初めて知ることになった。
聞き取った内容については，ここでは述べることはできないが，ちょっとした
ことで，人の間に差別が生まれ，その差別に苦しんだり，いろいろなイデオロ
ギーが交錯したりして，自分の生活に侵入されたりするという経験を聞いたこ
とも，筆者の共生を考える上での大きな糧となった。

4　まとめ―公認心理師の視点から考える地域での共生―

　福島大学で地域コミュニティに密着した活動を行ったことにより，地域で働
くためには何が必要なのかを深く考えさせられた。筆者は大学で心理学を学ん
で以来何十年も心理士であったが，いつも関心は，自分の目前にいるクライエ
ントであった。地域全体のメンタルヘルスを考えるという意識はなかった。し

かし，それは古くて狭い心理士のモデルだったのだと，福島大学で働くことを通して実感した。目前のクライエントばかり見ていては，そのクライエントへの支援をすることはできても，将来クライエントとなるかもしれない，より多くの人を救うことはできない。そもそも，クライエントになる前に，その人たちのメンタルヘルスを支えていけば，地域全体を支えていけば，クライエントを減らすことが可能なのだと考えられるようになった。

　そう考えたとき，公認心理師の仕事として，国が掲げている項目が新しい心理士の働き方を示していると思い至った。公認心理師は周知のように，2017年9月に施行された公認心理師法を根拠とする，日本初の心理職の国家資格である。厚生労働省のホームページによると，公認心理師とは，保健医療，福祉，教育その他の分野において，心理学に関する専門的知識および技術をもって，次に掲げる行為を行うことを業とする者をいう。その役割は，①心理に関する支援を要する者の心理状態の観察，その結果の分析，②心理に関する支援を要する者に対する，その心理に関する相談および助言，指導その他の援助，③心理に関する支援を要する者の関係者に対する相談および助言，指導その他の援助，④心の健康に関する知識の普及を図るための教育および情報の提供である。特に，④の予防的な視点は，今までの心理士には少なかったと思うが，福島大学での心理士としての働き方は，まさに予防的な視点に立っての，メンタルヘルスに関する知識の普及を図るための活動だったと考える。

　その次に学んだことは，地域コミュニティに，最初は専門性を持って関わっていくとしても，最終的には，そのコミュニティ自体で，問題解決をできるように人材を育成するシステムをつくることの重要性である。専門家の数は限られており，いつもお助け隊のような専門家に頼っていては，真のコミュニティでの自助活動はできないのではないだろうか。自分たちで解決できる力を育てていくことも，重要な視点であり，なんらかの地域支援をするときには，忘れてはならないことだと思う。福島大学の推進室では，この視点を大切にして地域の専門家育成や専門家のスキルアップを行った。他の場所から来た専門家と，元々のコミュニティの人たちの共生は，依存的なものではなく，お互いを尊重し合う独立した関係でなければならないと思う。

　さて，筆者の専門は発達障がい児・者への支援なので，その点から，共生に

おいて重要であることをさらに考えてみたい。発達障がい児・者への支援の最終目標は，彼らが地域の中で自分らしく適応的に暮らせるということである。したがって，発達障がい児・者のニーズに合わせ多職種の連携が必要となると常日頃考えている。地域で生きていくことを考えると，専門家も専門家でない人も，そして当事者の人も，一緒に協力し合うという意識が大切だと思う。発達障がいには，不器用やコミュニケーション障がいなども含まれるので，医師のみならず，言語聴覚士，作業療法士，理学療法士，保健師，教師，保育士，ソーシャルワーカーなどが協力して関わることが必要であるが，当事者の視点やその家族の視点も不可欠である。現在，当事者やその家族が開発したグッズなどが実際の支援に役立てられていることも多い。当然ながら，地域での多機関連携も必要である。保健所の健診で発達障がいを疑われた子どもを療育センターで受け入れたり，学校入学時に療育センターと教育委員会が適切な就学先を相談したり，学校と医療機関が支援方法を共有したり，就労にあたっては学校と職場が支援方法を共有するなど多くの連携が必要とされている。地域の共生とは，結局，多くの人の連携と協力の上に成り立つものなのだと思う。

引用文献

1）南相馬市子育て応援 web サイト，2015.
http://minamisoma.ikuji365.net/（現在はアクセスできません）
2）アスペ・エルデの会：家族支援体制整備事業の検証と家族支援の今後の方向性について.「楽しい子育てのためのペアレント・プログラム マニュアル」. 厚生労働省平成 25 年度障害者総合福祉推進事業，2013.

参考文献

生島浩，中野明徳，内山登紀夫ほか：被災児童・生徒の受け入れに伴う学校安全と子どもの心の危機管理に関する研究. 福島大学研究年報，2012；12-16.
内山登紀夫：東日本大震災後の福島県において医療支援の対象になった発達障害・知的障害の子どもとその家族の支援ニーズ・支援評価・メンタルヘルスに関する調査. 災害時における知的・発達障害を中心とした障害者の福祉サービス・障害福祉施設等の活用と役割に関する研究（研究代表者金子健），厚生労働科学研究費補助金障害者対策総合研究事業平成 26 年度総括・分担報告書，2014，pp.7-29.
黒田美保：ペアレント・トレーニングの前提としてのペアレント・プログラムの重要性. チャイルドヘルス，2017；20；418-421.
川島慶子：福島第一原子力発電所事故後の避難生活における発達障害児とその保護者へのメンタルヘルス支援に関する検討. 大正大学大学院研究論集，2019；43；268-254.

第8章

袖振り合うも多生の縁
―東日本大震災後の福島県いわき市から考える―

篠原　拓也

　東日本大震災から10年以上が経つ。福島県いわき市は津波で被災しただけでなく，東京電力福島第一原子力発電所（以下，福島第一原発）の事故による避難者を多く受け入れてきた。そのため地域住民の共生において複雑な事情を抱えてきた。

　「袖振り合うも多生の縁」という言葉がある。これは仏教の言葉であり，「多生」は「他生」ともいわれる。「多生」は何度も生まれ変わる多くの生のことであり，「他生」とは前世か後世のことである。人と人との出会いは不思議なものである。出会った人々は，そもそも関係がないはずなのに，めぐりめぐって，今・ここで出会ったのである。道端で人とすれ違って袖が触れ合うときでさえ，まったくの偶然のようで，なにか縁があったのだ。

　本章では，そんな縁という感覚を意識しながら，震災後の福島県いわき市を例に，共生について考えていきたい。

1　福島県浜通り地方といわき市の社会構造

　福島県は面積が日本で3番目に大きい都道府県である。横に広く，3つのエリアに分けて説明されることが多い。東側から，海辺の「浜通り」，真ん中の「中通り」，新潟に近い「会津」である。「はま・なか・あいづ」と呼ばれる。

　図8-1の太線で囲っているところが浜通りと呼ばれ，グレーで示された町と村が双葉郡と呼ばれる。いわき市は双葉郡の南に隣接している。

　ここで，浜通りのうち，いわき市を除く原発に近い町について説明しておこう。いわき市の北にあるのが広野町だ。ここには廃炉・復興関係の労働者や他の市町村からの避難者などのいわゆる「滞在者」が多い町で，いわき市とともに復興の拠点となっている。Jヴィレッジという巨大スポーツ施設があるが，ここは震災時には仮設住宅や駐車場として使われた。その北にあるのが楢葉町

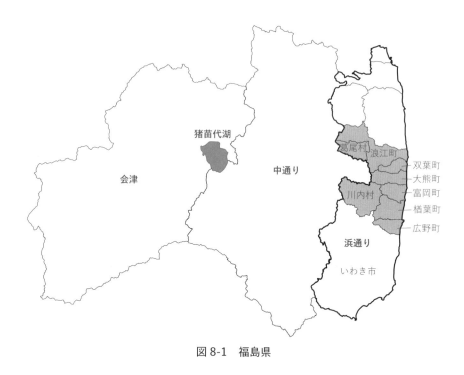

図 8-1　福島県

だ。小さな町で，鮭で有名な木戸川が流れ，海側には広くて美しい天神岬スポーツ公園がある。

　その北にある富岡町は美しい「夜ノ森の桜」で有名だ。県立病院や東京電力廃炉資料館も抱えており，双葉郡の中でも中心的といえる町である。この町から原発事故による「帰還困難区域」と呼ばれるエリアが出てくる。さらに北に進むと大熊町がある。この大熊町と次の双葉町の間の海側にあの福島第一原発がある。もともと大野駅という駅の周辺が中心地だったが，震災・原発事故の後，海や原発から離れた大河原地区に町役場や復興住宅，文化施設などの都市機能を移している。その北の双葉町には，浜通り地方で最大の震災伝承施設で有名な「東日本大震災・原子力災害伝承館」がある。大熊町や双葉町は原発事故の影響を今もまだ感じられ，町並みは寂しい。さらに北に行くと浪江町がある。津波の被害に遭った請戸小学校は震災遺構として残されている。またピンク色のポケモンを集めた「ラッキー公園」がある。

それより北に行くと，南相馬市，相馬市，新地町と続いて宮城県に入る。北に行くにつれて原発事故よりも津波の伝承・復興の色が濃くなっていく。

そんな浜通りは，発電所を置くことで首都圏に電力を供給する役割を担ってきた。事故を起こした福島第一原発も，東北地方にありながら，東北電力ではなく東京電力の施設だ。これは何も，国が東京のために無理やり押し付けてきたのではなく，浜通り地方が自発的にそうしてきた側面もある。このような社会構造に対してはいくつかの捉え方がある。例えば，中央政府と地方のしがらみの中で地方が半ば自発的に服従させられてきたとも捉えられる[1]。あるいは，中央政府と地方が相互依存し，誰もがそれで豊かだと信じていた戦後日本の大きな構図があったとも捉えられる[2]。

いわき市は浜通り地方の主要都市であり，その人口は約32万人である（2024年4月1日現在）。浜通り地方どころか，福島県，いや東北地方でもかなり大きな人口を抱えている。面積も広大なため，行政サービスの実施は複数の地区に分けられている。いわき市は山あり川あり海あり，都市部も田舎もありの大きな市だ。東北なのに比較的暖かいので「東北のハワイ」という人もいる。そう呼ばれるのには常磐炭田の歴史も関係している。常磐炭田は，かつての常陸国から磐城国にかけて石炭が採掘された地域のことだ。常陸国の「常」と磐城国の「磐」で常磐である。戦後の高度経済成長期に，石油に押されて鉱山が閉山していき，生き残りをかけて現在の常磐興産（株）のスパリゾートハワイアンズ（当時は常磐湯本温泉観光（株）の常磐ハワイアンセンター）が誕生した。

いわき市は「潮目の町」といわれる[3]。福島県沖の海は暖流の黒潮と寒流の親潮がぶつかり合う境界であり，東北と関東の境界でもあり，植物などの生態系の境界でもある。いわき市は東北にしては暖かく，冬でも雪が積もらないし，車のタイヤも換えない。そのような際どい位置にあるいわき市において，少なからぬ市民たちは，東北ではなく関東の仲間入りをしたいという，悲しい願望を抱いてきた。いわき市を「東北の湘南」と自称することもあるし，1966年に5市4町5村の合併で「いわき市」が誕生する際，名前の候補に「北関東市」があったという話もある。いわき市民の意識は北（仙台方面）よりも南（東京方面）に向いている。特急電車を使うと仙台に行くのと上野に行くのとでは，

時間も運賃も大して変わらない。根性を出せばギリギリ日帰りで東京ディズニーランド旅行もできる。早朝に起きてバスで向かえば開園に間に合うし，夜のパレードを観たあとでもバスで何とか帰って来られるのだ。そんないわき市が関東の仲間入りをしたいと思うのもわからなくはない。

　しかし歴史を紐解けば，いわき市はいつだって東京の，というよりその時代の中央にとって都合のいい場所だった。現在のいわき市あたりは，古くは石城国というが，蝦夷討伐のための拠点だった。関ヶ原の合戦で敗北したあとは，磐城平藩が誕生し，徳川家康の家臣の指示で磐城平城が建つが，明治維新に際し戊辰戦争に敗北する。それより数年前，幕末に常磐炭鉱が発見されていたが，これに目をつけた明治政府は石炭を東京方面に運ぶために常磐線を整備し，現在のいわき市を国の石炭エネルギー供給の拠点とした。石炭の時代が終わると，国策で工場誘致を進め，また火力発電所や原子力発電所を設置していく。

　いわき市は，常に中央政府にとっての敗者側であり，首都圏をサポートする使命を背負っていた。現在のいわき市には下請け工場が多く，安い庶民向け商品を大量生産して関東に出荷するという構造が保たれている。関東になることなく，関東を支える役に回る。物にしても電力にしても，関東に対する「もの言わぬ供給地」や「バックヤード」としての役割を負ってきた[4]。

　「ずるずるべったり」という言葉がある。主体的に動かず，けじめをつけず，既にある狭い関係性の中で，そのままずるずると成り行きにまかせることである。筆者がいわき市に住むにあたって上司に言われた言葉が，「ここはずるずるべったりの文化だからうまくやってくれ」である。日本はだいたいそんな文化だと思うが，この町は特にそうだと思う。

2 ｜ いわき市の文化

　いわき市は時代ごとの政治に翻弄されてきたのだろう。しかしそれにしても，いわき市は豊かすぎた。「潮目の町」であるがゆえに，自然が豊かであり，何でもとれるし，だいたい美味しい。競争せず，売り出さず，そこそこの暮らしができてしまう。そんないわき市には特産品と呼べるものがあまりない。目光という魚くらいだろう（実は椎茸やトマト，かまぼこなどいろいろある）。

あえて厳しい表現をすれば，熾烈な競争をしなくても生きてこられたため，頑張るという文化がない。その辺の地元の飲食店に入ってほしい。とにかく飯が出てくるのが遅い。接客も，盛りつけも，悪いとまでは言わないが，いまいち頑張らない。イベントもスタッフの要領が悪くて楽しめない。あと一歩，二歩の工夫がどういうわけかできない。徳一大師（奈良時代から平安時代にかけて活躍した僧）にまつわる寺や国宝の周辺でさえ閑散としていて，ただ在るという感じだ。四倉海岸も，広くて美しいわりに人も店も少ない。震災後は巨大な防潮堤と防災緑地が海を隠している。それはそれで田舎の良さなのかもしれないが，他の地方から来る人々は「なんかこう…もっと…あるだろう！」と，もどかしいツッコミを入れずにはいられない。

　同じ福島県でも，会津若松市には鶴ヶ城がある。重い歴史を背負った城であり，誰もが認める立派な観光地だ。実はいわき市でも，数年前まではいわき駅から大きな平城が見えた。しかし何と，それはハリボテだった。もともと大合併で寄せ集めた市だ。「平」などいわき市の一部にすぎない。それをみんなでいわき市のシンボルにはできない。まして多額のお金をかけて城を建てるなんて…。そんな住民感覚を体現するようなハリボテの城だった。

　読者諸君に関心があれば，ぜひ現地で，市外から来たよそ者たちの話を聞いてみてほしい。この感覚が共有できるだろう。できれば少し住んでみてほしい。違和感があっても数年住めば慣れる。そういうものだと思えば，気の短い関西人でさえ次第にストレスを感じなくなってくる。いわき市に限らず，東北の人は基本的に穏やかである（小名浜のような海の方はさておき）。よそ者に敏感で，関西弁に抵抗を示す人もいるが，何だかんだいって，いい人が多い。そもそも東北人は我慢強い。何かがおかしいと思っても，なんとかやり過ごせば無事に収まるという文化だ。しかし車の運転は（何か抑圧されたものが放たれるのか）老若男女ぶっ飛ばす。

3 市民の共生問題

　少し言い過ぎたかもしれない。申し訳ない。筆者のいわき市への歪んだ愛情ゆえである。そろそろ本題に入ろう。

いわき市は，原発事故の避難者を多く抱え，原発作業員やその他の復興事業関係者を送り出す拠点にもなった。しかし様々な人々が滞在することで，他者との共生という点で複雑な問題を抱えていた。

いわき市には5つの市民がいる[5]。

①　いわき市に住み，住民票もいわき市にある「市民」

②　いわき市に住み，住民票をいわき市に移してきた「新市民」

③　いわき市に住み，住民票はいわき市外のままの「非市民」

④　いわき市外に住み，住民票がいわき市のままの「不在市民」

⑤　いわき市外に住み，住民票をいわき市外に移した「旧市民」

このうち，④と⑤はいわき市にいないのであまり関係がない。②はいろいろで，ただ結婚や仕事で入ってきた人もおり，いわき市民として住民票を移して税金を納めているので，あまり話題にならない。いわき市での他者との共生という問題は，主に「市民」である①と「非市民」である③をめぐって生じた。③非市民には，原発事故で東京電力からの多額の賠償金を持っていわき市にやってきた双葉郡の避難者が含まれている。

非市民には，一部のいわき市民から厳しい眼差しが向けられた人々もいた。双葉郡からの避難者であれば経済的な不公平感や市民の生活上の負荷をもたらす存在として捉えられ，原発作業員などであれば治安悪化や風紀の乱れをもたらす存在として捉えられた。小学校の校内放送では，作業員などの「危ない人」が増えているので気をつけるようにというアナウンスが流れていたという[6]。実際，海側では空き家などでの窃盗事件があったし，永崎海岸では作業員による暴行・強姦事件があった。

非市民の中には，多額の賠償金を得たこともあって，就労せずに生活し，昼間から酒を飲んでパチンコを打っている人がいたし，お金の使い方が目立つ人が多かった。食料品にせよ家電にせよ，良いものを買った。土地が売れ，家が売れ，高級車が売れた。いわき市民でも，ゼネコンや不動産屋，自動車販売店，家電量販店などではウハウハだった人もいる。いわき市は，津波で死者を出し，深刻な被災をした人々がいた一方で，いきなり，今どきの地方では考えられないバブル景気のような経験をした人々もいた町なのだ[7]。

注意が必要なのは，非市民をめぐる軋轢は，単に彼らが原発事故による多額

の賠償金をもらっていることに対する周囲の「ねたみ」や「ひがみ」によるものではないことだ。いわき市民は、流入してくる人々の急増により、道路の渋滞、医療機関の混雑、特別養護老人ホームなどの施設への入所困難、物価の上昇、田町(たまち)などの歓楽街の治安悪化、行きつけの憩いの場やお店の景色や情緒の破壊といった、日常生活での実際の困難や不満を感じてきたのである。また人々の流入によって一時期、賃貸物件がなく、借りられたとしても家賃が異常に高く設定されており、賠償金を持たない人の中には市街地からかなり離れた場所に住むしかなかった人もいる。そもそもいわき市の行政サービスの費用は国の交付金で補填されているとはいえ、すべてが交付金で賄われるわけではない。いわき市のお金でいわき市民以外を支えている部分がある。

　そのような状況で、その負荷の要因である非市民の方が、経済的に裕福になっている状況があるとどうか。いわき市の賃金は悲しいくらい低く、税金はいやに高い。そんな市で生活している市民の目に、高級車に乗ってパチンコ屋に行く非市民が映るとどうか。たとえそのような人々が実際には大した数ではなくても、また他人がどれだけ「実際はそんな人ばかりじゃない」とか「彼らも大変な目に遭って、傷ついている」と言おうとも、人の記憶や感覚は簡単には変わらない。それはもう、少なからぬ市民の心に保存された、この町の歴史資料の一つなのだ。

　現在、世界的に移民との共生が話題になっているが、いわき市の共生の問題はその相似形だったといえるかもしれない。困ったことに、飲み屋の諍(いさか)いにとどまらず、避難者の暮らす仮設住宅や、賠償金で建てた新築住宅に悪意の落書きをする人もいた。

　非市民の状況や心情も複雑だ。軋轢や被害を避けるために気を遣って、身の上を隠して生活する人もいた。多額の賠償金で酒だ、パチンコだ、高級家電だ、高級車だというが、そうでもしないと故郷を追われた孤独や喪失感を埋め合わせることができず、そうせざるを得ないつらさもあったかもしれない。不本意に不自由な場所で暮らすことを余儀なくされた上、いつ家に悪意の落書きをされるかもわからない。真摯に想像力を働かせると、彼らを特権階級だと揶揄する気も削がれてくるだろう。

　もちろん、だからといって、非市民をかばうために「あの人たちはつらい思

いをしているに違いない」と決めつけて勝手に同情を傾けてもいけない。誰がどのような事情を抱えているかは，わかりにくいものだ。実のところ，軋轢は市民と非市民に限ったことではなく，福島第一原発の半径 30km はギリギリいわき市も含まれていたため，いわき市民の間でも賠償金や補助金による格差や分断もあった。それに，震災当時はメディアが被災者の「心の傷」や「心のケア」を強調していたが，震災直後だけでなく，何年も経って世間の記憶が風化する頃に心身を病む人もいる。逆に，勝手に「フクシマ」と括り，「かわいそうなフクシマの子どもたち」という生温かい眼差しを向ける人もいたが，福島県というのはとにかく広く，何だかんだで普通に過ごしてきた子どもたちも多い。自分の身の回りの人々と対話し，様々な事情を広く知っていけば，認識が変わり，共生への姿勢や行動も変わってくるかもしれない。

　しかし，その「対話」して「知る」ということがなかなか難しいのだ。私たちは他者との軋轢を避けるために，腹を割った対話を放棄し，知ることを放棄してしまいがちだ。あるいは話してみても，無難で，何となくいい感じの言葉だけでやり過ごしてしまいがちだ。

4　震災の語りにくさ

　震災は語りにくい。政治や戦争，宗教，差別などと同じで，重くて大きいテーマのように扱われがちである。SNS では過剰な正義感が蔓延している。何かの被害者に憑依したり，コンプライアンス（法令遵守），ポリティカル・コレクトネス（政治的正しさ）によって正しさを身にまとったりした人々が，日々誰かを攻撃したり，それに反撃したりしている。何かを言えば，どこからともなく自称「専門家」や自称「普通の人」が現れて，「不謹慎だ！」「はいそれ偏見です！」「当事者の気持ちを考えていない！」「傷つく人もいると思います！」「それ間違いです！」と"正義"の鉄槌を下す。対面の人間関係でもそうだ。他者の寛容に期待して素直にものを言えば，地雷を踏んで，足をすくわれるどころか足ごと吹き飛ばされるかもしれない。

　私たちは何かを伝えるときに，とにかく事実や社会的に正しいことを述べることを求められる。しかし困ったことに，事実を書き連ねることでいかがわし

くなることもあるし，社会的に正しい言葉を書き連ねることで，それ以外の言葉を抹殺しかねない危険もある。「震災は悲惨な被害をもたらした。これだけの人数が死んで，これだけの人数が行方不明になって，生き延びた人々にはこのような心の傷が残り，またこんな感動的な事実があった…」。一つひとつはその通りなのだろう。そこから浮かび上がってくる物語も間違ってはいないのだろう。とはいえ，そのようなお決まりの話ばかりを聞いた人が，自分の言葉で何を言えるだろうか？

「えっと…私のときはこうなので，悲惨な震災とは関係ありません」

「その…まあ…差別はよくないなと思いました」

「あの…ほんとに…被災地には頑張ってほしいと思います」

「やっぱり…こう…私も日ごろから意識して暮らそうと思います」

話をする相手との関係性にもよるだろうが，いずれにせよ，このくらいしか言えない人も多いのではないか。「正解」らしいものだけを目指していると，私たちの言葉はどうにもテンプレ的で，貧しくなってしまう。

ならば，専門家が与える「正しい知識」を「正解」として覚えてさえいれば，私たちはもっと素直に話し合えるようになるのだろうか。そうともいえない。お決まりの正解的な情報を並べて"いい子"を演じるだけの人になりかねない。

事はそれだけではない。専門家たちが行う教育や啓発は，しばしば次のような展開で隘路に陥る。

① 専門家などが啓発し，世間の認識を正そうとする。

② 啓発される側は「お前は間違っており，誰かを傷つけ，怒らせているのではないか」と突きつけられ，正しい知識がないと話しにくいと感じる。

③ しかし多くの人にとって，生活する上でわざわざ専門家の言う通り勉強してまで話す必要はないし，話さなければ誰かを傷つけたり怒らせたりせずに済むのであれば，なるべく話さないという無難な道を選ぶ。

④ 人々が自分自身の語りを抑制し，言葉を喪失した結果，学校やメディアが与えるお決まりのパターンや一般論だけが残り，流通する。

⑤ その結果，「がんばろう福島」「私も日頃から意識して暮らそうと思います」という程度のことしか話せず，それ以上は扱いにくい世間の風潮が残る。

こうして私たちは，善意や謙虚さによって言葉を失っていく。専門家たちは「正しい知識がないから話しにくいのだ」と思うかもしれない。しかし専門家がそう言ってみんなに正しい知識を叩きこもうとした瞬間，専門家自身も話しにくさの原因の一つになりかねない。

5 | 消極的な共生とその課題

震災と原発事故によっていわき市に流入してきた非市民をめぐって，人々は軋轢を抱えていた。しかしあえていうなら，問題が「その程度で済んだ」とも考えられる。もちろん一つひとつの出来事をめぐる人々のつらさを軽視するべきではない。加害者は適切な手続きで裁かれ，更生するべきであるし，被害者は適切な手続きで救済されるべきだ。とはいえ，市全体における他者との共生という観点でみれば，やはり「その程度で済んだ」ともいえる。海外のニュースで目にするような，対立や分断を深めていく前提の大規模な暴動や紛争，訴訟が起こったわけではない。多額の賠償金による人々の分断も，たとえ当時の親世代の大人たちに激しいものがあったとしても，当時子どもだった今の若者世代には，そこまではっきりとした記憶もなければ，熱量もない。

では，「その程度で済んだ」のはなぜだろうか。もちろん，状況が複雑で，誰が被害者だとか加害者だとか，敵か味方かなどと，必ずしも単純にいえる状況ではなかったという事情もあるだろう。原発事故の加害者とみなされる東京電力の職員の中にも原発事故で被災し，賠償金を持って避難してきた人もいる。東京電力の職員の子どもと原発事故で被災した子どもが学校で同じクラスの友だちなんてこともある。

ただ，それだけではなく，不満が溜まっていく状況に対して，多くの人々が沈黙して堪え，状況をやりすごしたからでもあろう。東日本大震災の後，メディアは「絆」を強調した。絆によって人々が勇気づけられたり，ボランティアや寄付が集まったりしたことを考えれば，絆はもちろん大切にすべき価値だ。しかし見知らぬ他者と共生するにあたっては，絆という強い情緒的な結びつきだけが大切なのではない。いわき市の軋轢が「その程度で済んだ」のは，多くの人々が，不満が溜まっていく状況において，何か理由をつけて納得しながら，

無関心や寛容を装ったからでもある。多少ネット上が荒れていようとも，実際の公共空間をネット空間のようにさせない節度があったともいえる。

　また，「正しい知識」を持たないうしろめたさや，軋轢を起こしたくない気持ちから，知らない，語らない，対話しないという消極的な共生を目指しても，それなりに安定した社会にはなる。というよりむしろ，正しさを盾にして暴れている人々は，消極的な共生を目指してもう少し黙るべきだろう。

　しかし消極的な共生には難点もある。言葉を失い続け，自分たちの社会の構造や文化を，自分たちでは変えられないままになるからだ。

　私たちは他者と出会ったとき，他者の他者性に過剰に配慮する。だから語りにくくなる。「もしこの人が…だったらどうしよう」と怖気づいてしまう。とはいえ，他者といっても同じ人間である。しかも同じ人間であるどころか，どこか深い縁で共通の今・ここで出会っている人間かもしれない。

　繰り返しになるが，いわき市は境界の町であり，関東のバックヤードであり，労働者の町だ。必ずしも誰もがここに骨を埋める気で働きに来るわけではない。人生の道のりのどこかで，何かの縁でやってきて，その多くはいずれ去っていく。この町はよそ者の受け入れに慣れている。「いずれここを出ていくであろう人」として，優しく受け入れるのである。

　いわき市は，良かれ悪しかれ「ずるずるべったり」というべき長い歴史と大きな構造やシステムの中で，原発を受け入れ，労働者を受け入れ，一時的にやってくる人々を受け入れてきた。視野を広げれば，一時の市民と非市民の不満や分断というのは，表面的な現象であって，長い歴史と大きな構造やシステムの中で出会うべくして出会った人々の出来事でもある。一人の人生という規模を超えた長い時間の因果の連続の末に，一見すると無関係そうな，あるいは利害が対立しそうな人々との出会いが，起こるべくして起こっている。社会の軋轢を「その程度」に抑える消極的な共生の在り方は，絆という熱いものでもなければ，ただ面倒だからやり過ごすという冷たいものでもなく，どこかもう少し寛容で優しいもので，「袖振り合うも多生の縁」の世界観が通底しているものなのかもしれない。

　私たちが単なる共生ではなく，より良い共生を目指すことを望むのなら，いかにこれ以上袖が振り合わないかに腐心するだけでなく，袖の振り合いから縁

を感じて何かを良くしていこうという気概が求められている。

引用・参考文献
1) 開沼博：「フクシマ」論―原子力ムラはなぜ生まれたのか，青土社，2011.
2) 高原基彰：東日本大震災にみる日本型システムの脆弱性―復興を転機とするために．大震災後の社会学（遠藤薫編，高原基彰・西田亮介ほか著），講談社，2011，pp.123-155.
3) いわき市が東北と関東の境界にあり，自然的にも政治的にも特殊な立ち位置を持ってきたことについては以下の文献に詳しい。本節で言及した境界性をめぐる部分はこれらの文献に依拠している。小松理虔：新復興論増補版，ゲンロン，2021a．／小松理虔：地方を生きる，筑摩書房，2021b.
4) 前掲書 3)，小松，2021a.
5) この分類は以下を参考に筆者が行ったものである。今野久寿，原田康美：被災自治体における住民と原発避難者との地域共生の現状と課題―被災と避難が交錯するいわき市の行財政を踏まえて．東日本国際大学福祉環境学部研究紀要，2015；11；25-52.
6) 篠原拓也，浜通り震災ゼミ：震災はなぜ語りにくいのか―マスメディアや学校の描かない福島県浜通りを求めて，纂修堂，2023.
7) 屋敷康蔵：震災バブルの怪物たち，鉄人社，2019.

第9章

犯罪を犯した人との「共生」は可能なのか

長谷川　洋昭

　英国のベヴァリッジ（William Henry Beveridge）は，『社会保険及び関連制度』（1942）の中で，窮乏（Want），疾病（Disease），無知（Ignorance），不潔（Squalor），怠惰（Idleness）といった「5つの巨人悪（FIVE GI-ANT'S EVILS）」を示したが，まさにわれわれの社会の営みはこれらとのたたかいの歴史だといえよう。これらの巨人とわれわれとのたたかいは，時代の様相に合わせて新たな問題を生み出しつつも様々な文化や科学の進歩，そして社会全体の幸福を求める人々の不断の努力によって着実に前進してきた。そしてこれら「5つの巨人悪」にその要因の多くをはらむ「犯罪」も，われわれ社会の克服すべき対象であることは論をまたない。

　しかし，上記のような価値観を私たちの社会が共有しているとは言い難い。おそらく多くの人は，犯罪を犯した人のことを自分たちとは住む世界が違う「モンスター」として認識し，自らの生活圏からは排除することを望んでいるのではないだろうか。人は見えないものに対して恐れを抱くが，この「モンスター」も街を歩く一般の人の目に触れることはない。犯罪事件を取り扱ったメディアニュースや映画，アニメや漫画などのエンタメ素材において用いられる場合も，あくまでも自分たちとは関係のない存在として設定されている場合が多い。そこには他の福祉の対象者，例えば障がい者・貧困者・病者・高齢者に通じるような「私もそうなるかもしれない」「私もいずれそうなる」といった当事者意識は持ちようもない。むしろ「私には関係ない」と無関心になってしまうことが，本章のテーマである「犯罪を犯した人との『共生』は可能なのか」という問いかけへの難しさである。当事者意識は，光の角度から芽生える気づきだとするならば，犯罪を犯した人を多方面から照射することをここでは試みたい。

1 現在の犯罪の状況と再犯者率

1 減少傾向が続くわが国の犯罪の状況

　まずはじめにわが国の犯罪の状況を概観する。「令和5年版犯罪白書」によると，1946年から2022年までの刑法犯の認知件数・検挙人員・検挙率の推移は2002年をピークに2021年まで減少を続けている（図9-1）。同様に特別法犯についても減少傾向である（図9-2）。この背景に至る物理的な要因として街頭の防犯カメラの設置やドライブレコーダーの装着率が急速に進んだことが抑止力を強めたことがあげられている。また，自動販売機の構造の堅牢化や住宅のピッキング対策，オートバイの鍵穴にキーシャッターを装備するなどといった防犯性能の高い器具や部品の開発・普及など，犯罪が発生しない環境をハード面で社会が工夫したことや，警察だけではなく地域住民・民間企業・地方公共団体その他の関係機関が連携して各種の犯罪対策を展開したことによるソフト面での取り組みの相乗が功を奏したものと考えられる。

　このように19年連続して減少していた認知件数であるが，2022年に増加に転じている。これは新型コロナウイルス感染症（COVID-19）の世界的な感染拡大による人流抑制施策の緩和による影響が大きいだろう。COVID-19は2019年12月初旬に中国の武漢市で感染者第一例目が報告されてから数か月の間に，瞬く間にパンデミックといわれる世界的な流行となった。わが国においては，2020年4月7日以降に合計4度にわたりいわゆる「緊急事態宣言」が発出された。また，2021年4月5日以降はいわゆる「まん延防止等重点措置」が全国41都道府県において実施され，移動を伴う行動の自粛をはじめとする感染防止策が講じられた。その後，状況の変化に伴って緊急事態宣言は2021年9月30日まで，まん延防止等重点措置は2022年3月21日をもって，それぞれすべての都道府県において終了している。

　それまで在宅ワークやオンライン授業などで自宅に滞在していた人々もかつての社会生活スタイルに戻り，アルコールを伴った会食帰りの人々も路上に戻ってきた。その結果，様々な路上犯罪が発生する機会も増加したと考えられる。

1．現在の犯罪の状況と再犯者率　113

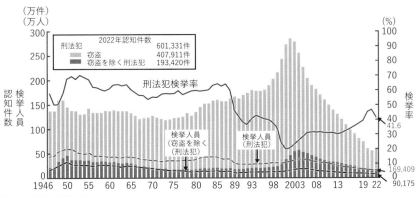

図9-1　刑法犯認知件数・検挙人員・検挙率の推移

出典）法務省：令和5年版犯罪白書．2023．

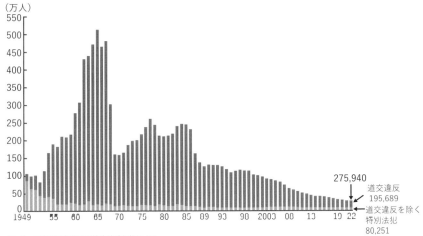

図9-2　特別法犯 検察庁新規受理人員の推移

出典）法務省：令和5年版犯罪白書．2023．

2022年における「児童虐待に係る事件」「配偶者からの暴力事案等」「サイバー犯罪」「特殊詐欺」「大麻取締法違反」「危険運転致死傷」の検挙件数につ

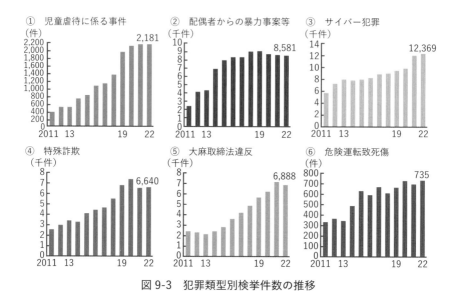

図 9-3　犯罪類型別検挙件数の推移

出典）法務省：令和 5 年版犯罪白書．2023．

いては，増加傾向または高止まり状態が継続している（図 9-3）。以前からいわゆる「闇バイト」という言葉が一般的にも知られているが，SNS などで募集した人を実行役とし，特殊詐欺や投資詐欺，時には強盗など様々な犯罪を繰り返す「匿名・流動型犯罪グループ」（トクリュウ）の存在が社会にとってあらたな脅威となっている。

　確かに犯罪の数自体は減少しているとは言えるが，類型別に見た場合は増加傾向または高止まり状態が継続している犯罪も存在している（図 9-3）。このことは時代の様相に合わせた犯罪対策が常に求められていることを示しているといえよう。

2　犯罪を繰り返してしまう人の割合は高止まりしている

　「再犯者」とは，刑法犯により検挙された人のうち，前に道路交通法違反を除く犯罪により検挙されたことがあり，再び検挙された人のことをいう。そして「再犯者率」とは，刑法犯検挙人員に占める再犯者の人員の比率を指しており，近年は 50% に近い数値で高止まりしている。再犯者は 2006 年をピーク

としてその後は漸減,初犯者は2004年をピークとして,減少し続けている(図9-4)。もちろん罪名によって差異があり,例えば特別法犯では,2022年における検察庁新規受理人員の中で最も多い罪名は「覚醒剤取締法違反」である(道路交通法違反を除く)が,同法違反で検挙された20歳以上の人の同一罪名による再犯者率は69.2%と高い数値となっている。

犯罪を繰り返している人に対し「反省をしていない」と断じることはたやすいが,どうすれば彼らが再犯をしないで同じ社会の住人として共に生活することができるのかを考えることが,私たち社会の共通の敵である「5つの巨人悪」を倒すことにつながるのではないだろうか。

政府はこの再犯者率を下げることも含め,社会のそれぞれの立場で再犯防止に取り組むことを示した「再犯の防止等の推進に関する法律」(平成28年法律第104号)を2016年12月14日に公布,施行した。地方公共団体は,それぞれの地域の状況に応じた施策を策定し実施する責務を有すること(第4

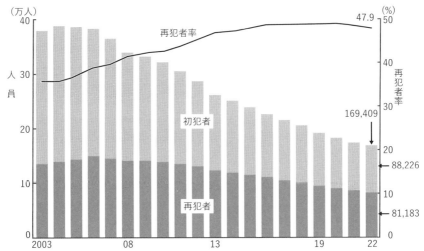

注 1 警察庁の統計による。
 2 「再犯者」は,刑法犯により検挙された者のうち,前に道路交通法違反を除く犯罪により検挙されたことがあり,再び検挙された者をいう。
 3 「再犯者率」は,刑法犯検挙人員に占める再犯者の人員の比率をいう。

図9-4 刑法犯検挙人員中の再犯者人員・再犯者率の推移

出典)法務省:令和5年版犯罪白書. 2023.

条第2項）とされ，「地方再犯防止推進計画」を定めるよう努めなければならないこと（第8条第1項）が定められた。2023年3月，再犯防止施策のさらなる推進を図るため，「第二次再犯防止推進計画」が閣議決定された。そこでは次の7つの重点課題が示されている。

1　就労・住居の確保
2　保健医療・福祉サービスの利用の促進
3　学校等と連携した修学支援の実施
4　犯罪をした者等の特性に応じた効果的な指導の実施
5　民間協力者の活動の促進
6　地域による包摂の推進
7　再犯防止に向けた基盤の整備

　これらの内容は，司法や行政機関が連携するだけでは成し遂げられないものが多い。例えば，犯罪を犯した人が再びこの社会で生活を営むためには就労を継続することが求められるが，彼らを実際に雇用し賃金を支払うことができるのは民間企業である。また，住所を置くことができる住居を提供することも，不動産業者や大家の理解がなければ難しい場合も多い。更生保護法第2条第3項には「国民は，前条*1の目的を達成するため，その地位と能力に応じた寄与をするように努めなければならない」とあるように，私たち一人ひとりができる範囲で犯罪を犯した人の改善更生を助けることを期待されている。ただ本章の冒頭でも記したように，社会の多くの人は犯罪を犯した人のことを自分たちとは住む世界が違う「モンスター」として認識し，関わることは望んでいない人が大半であろう。では彼らと同じ世界で共生することは本当に不可能なのだろうか。その前にそもそも必要なことなのだろうか。次の項では彼らが社会生活を営む上で抱える困難とそれに手を差し伸べる人たちの役割を具体化する。

---

*1　更生保護法第1条（抜粋）「犯罪をした者及び非行のある少年に対し，社会内において適切な処遇を行うことにより，再び犯罪をすることを防ぎ，又はその非行をなくし，これらの者が善良な社会の一員として自立し，改善更生することを助けるとともに，恩赦の適正な運用を図るほか，犯罪予防の活動の促進等を行い，もって，社会を保護し，個人及び公共の福祉を増進することを目的とする」

2 罪を犯した人のその後の困難と更生保護ボランティア

1 彼らが住む場所も，同じこの社会であるということ

　改めて言うまでもなく，犯罪を犯した人たちも一人残らずこの社会で生まれ育ってきた存在である。しかし社会の合意したルールを破ったことから「犯罪者」との烙印を押されることとなったが，決して初めからモンスターであったわけではない。誰しもが母から生まれ，幼少期は周囲に保護され，それぞれに喜びも悲しみも経験している存在である。

　何かのタイミングでボタンの掛け違いが始まったのだが，ここでも「5つの巨人悪」を思い出してみたい。貧困や疾病，またそれに起因した教育や経験の不十分さ，何らかの障がいや老化。これらは誰しもが当事者になりうる可能性があるものであり，もしかしたら自分自身もそれによって犯罪を犯してしまう可能性もあると考えられないだろうか。このような「当事者意識」を持つと，彼らが社会で抱える困難についても「わがこと」として想像できる自分に気づくことだろう。

　1992 年，「暴力団員による不当な行為の防止等に関する法律」（暴力団対策法）が施行された。そして 2004 年に広島県と広島市が条例で，公営住宅の入居資格について「本人とその同居親族が暴力団対策法に規定する暴力団員でないこと」と規定したことを皮切りに，不動産取引や契約などについて制限を設ける「暴力団排除条例」の制定が全国の地方自治体において相次ぎ，2011 年に東京都と沖縄県が条例を施行したことによりすべての都道府県で施行された。これらの条例には「元暴 5 年条項」と呼ばれるものがあり，暴力団を離脱しても 5 年間は反社会的勢力につながっている可能性があるとして，銀行口座の開設が認められなかったり住居を借りることが難しい状態が続くのである。

　「第二次再犯防止推進計画」に示されている 7 つの重点課題の一番初めに示されているものは「就労・住居の確保」である。2022 年度入所受刑者人員中の「再入者」の比率をみてみると，56.6％という高い数値にのぼっており，

入所受刑者の入所以前の社会生活環境の様々な傾向が垣間見えてくる。例えば就労状況をみてみよう。男性初入者の場合，事件当時に無職であった人が64.7％であり再入者の場合は71.5％であった。これが女性初入者の場合，事件当時に無職であった人が79.1％，再入者の場合は86.8％という非常に高い数値を示している。次に地域生活の基盤となる居住状況であるが，男性初入者の場合，事件当時住所不定であった人が14.7％，再入者は21.8％であり，女性初入者は5.5％，再入者は9.2％となっている。

　現代社会において銀行口座開設ができないということは，公共料金をはじめとした様々な引き落としや給与振り込みなどが不可能ということになる。さらに住宅も借りにくい，携帯電話も契約できないという状況になれば，一般的な就労に結びつくことは大変困難であると言わざるを得ない。刑務所で法的な償いを終えて出所し心機一転犯罪に手を染めずに社会生活を送ろうと誓っていても，制度がそれを許していない状況も存在する。加えて社会の人々による排除の目が注がれたとき，彼らは再び犯罪を犯さざるを得ない状況に自ら身をおくことも十分考えられよう。これが先述した更生保護法第2条第3項が「国民は，前条の目的を達成するため，その地位と能力に応じた寄与をするように努めなければならない」と求めている理由である。

2　地域社会で彼らに伴走する人々─保護司を中心に─

　社会には多くの分野でボランティアは存在しており，被災地での様々な局面でのボランティアの姿を見るだけでも，もはや社会にはなくてはならない役割だといえるだろう。身近では高齢者や身体障がい者への移動サポートや身辺の介助，子ども食堂などでの居場所つくりなどが思い浮かぶが，高齢であることも障がいがあることも貧困であることも何ら恥ずべきことではない。困難が生じたときは「こんなことに困っています」と自らが声を上げることもできるし，そして周囲の人も自身が同様の状態になる可能性もあるので困難も想定しやすい。それに引き換え「かつて犯罪を犯したことがある」ということは，その当事者にとっては極力隠したい情報であり，社会の人にとっては自分には縁のない（と思っている）情報である。よって罪を犯した人が再び罪を繰り返すことなく社会で共に暮らすためのサポート体制は大変脆弱であるといえる。そのよ

うな中で「更生保護ボランティア」と呼ばれる地域の伴走者を以下に示したい。

　代表的な存在が「保護司」である。法務大臣から委嘱を受けた非常勤の国家公務員であるが，交通費等の実費支給はあるものの無報酬である。活動中に災害にあった場合は「国家公務員災害補償法」が適用される。更生保護法第32条には「保護司は，保護観察官で十分でないところを補い，地方委員会又は保護観察所の長の指揮監督を受けて，保護司法の定めるところに従い，それぞれ地方委員会又は保護観察所の所掌事務に従事するものとする」（下線部筆者）とその役割が示されている。犯罪を犯した人の地域生活の基盤となるものを理解するためには，この下線部が意味することを理解することから始めるとよい。

　保護観察官は常勤の法務省職員であり，医学，心理学，教育学，社会学その他の更生保護に関する専門的知識に基づき「専門職」として更生保護行政に携わっているいわゆる「更生保護制度のプロ」である。しかし国家公務員として転勤があるので，何年も同じ地域で勤務することはできない。そこで頼りにされる存在が保護司である。保護司は，下記4つすべての条件を具備する者のうちから，法務大臣が委嘱する。

1. 人格及び行動について，社会的信望を有すること。
2. 職務の遂行に必要な熱意及び時間的余裕を有すること。
3. 生活が安定していること。
4. 健康で活動力を有すること。

　地域住民である保護司は公私のネットワークを地域で広く有しており，昔風に言えば，地域の顔役的存在である人が多い。保護観察官はプロではあるが地域のネットワークを掌握しているわけではないので，保護司の存在は大変心強いものである。これは地域での安定した基盤を築きたいと願っている罪を犯した人にとっても同様であろう。この保護司の「地域のネットワークを有する同じ地域の住民である」という特性が，「保護観察官で十分でないところを補」っているのである。保護司はその特性を活かし，保護観察官と協働して保護観察を担当し，犯罪を犯した人が円滑な社会生活が営めるよう，釈放後の帰住先の調査，引受人との調整，就労先などの調整や支援[*2]を行っている。保護司の自宅にて月に2回程度の面接を行うことが一般的であるが，公共施設や喫茶店，本人宅など場所は限定されてはいない。

保護観察官は約 1,000 人に過ぎないが，わが国の場合は，非常勤国家公務員とはいえ実質地域の民間ボランティアである保護司は約 4 万 6 千人が従事しており[*3]，国際的に見てもこの処遇形態は特異なものといって過言ではない。保護司法第 2 条第 3 項では「保護区ごとの保護司の定数は，法務大臣がその土地の人口，経済，犯罪の状況その他の事情を考慮して定める」とあるように，更生保護活動の環境整備は地域性を把握した上で実施することが前提であり，彼らを中心とした更生保護活動はまさしく地域に密着しその実情を熟知していることが理想である。しかしながら他方では，都市化の進行や社会意識の変化に伴い処遇を行う上での困難さや保護司制度の基盤そのものの揺らぎが昨今指摘されているところである。2024 年 5 月 26 日，滋賀県大津市の保護司が担当している保護観察付執行猶予の対象者に殺害されるという前代未聞の痛ましい事件が発生した。「やはり犯罪を犯した人は危険だ」という意見が世の中に巻き起こる。社会が恐れるのは無理のないことである。ただ 2022 年中に保護観察になった人は 1 万 3,529 人存在しており（法務省：令和 5 年版犯罪白書），戦後保護観察中の人から保護司が殺害されたことは先述の事件が初めてのことである。稀有な事例で制度的なことが萎縮することや世の中の偏見が高まることは，何より被害に遭われた保護司が望んでいないと考える。

2024 年 10 月 3 日，「持続可能な保護司制度の確立に向けた検討会」の最終報告書が法務大臣に提出された。定員充足を主眼にした保護司の公募制の試験的導入や新任の年齢上限の撤廃などは盛り込まれたが，報酬制については保護司活動は地域社会の自発的な善意の象徴であり報酬制はなじまないと見送られた。

[*2] 更生保護法第 58 条では「補導援護」として保護観察対象者が自立した生活を営むことができるようにするため，その自助の責任を踏まえつつ次のような助言その他の措置をとる。①適切な住居その他の宿泊場所を得ること及び当該宿泊場所に帰住することを助ける，②医療及び療養を受けることを助ける，③職業を補導し，及び就職を助ける，④教養訓練の手段を得ることを助ける，⑤生活環境を改善し，及び調整すること，⑥社会生活に適応させるために必要な生活指導を行う，他。

[*3] 全国 5 万 2,500 人の定員に対し，2024 年 1 月時点で 4 万 6,584 人（法務省保護局）。

3 | 忘れてはいけない犯罪被害者の存在

1 | 被害には息の長い支援が必要

　ひとくちに「犯罪被害者」といってもその状況は様々である。例えば同じ罪名の被害者であっても，性別・性格・家族構成・資産・職業などによってダメージの形は大きく異なるのであるから個別化してケースを考えることは必須である。犯罪被害者や家族たちは，犯罪等による直接的な被害だけでなく周囲の無理解や心ない言動等により心身に不調をきたすなど，二次的被害に苦しむ場合も多い。そして被害の影響は時間の経過によっても変化するので，その時々に必要とする支援を物心共に受けられることが，被害からの回復には必要である。事件そのものは司法の一連の流れでひとまずの終わりはあり，また加害者も法の裁きを経て科された刑罰を受けると「罪を償った」とされる。ただ加害者が刑に服すことは法的な罰であって，被害者への贖罪や償いをそのまま意味するものではない。犯罪被害者は終わりなき日常を本来なら負うべき必要のない困難を背負わされて生きていくのである。このことを私たち社会は認識を高めるべきであろう。

　このような犯罪被害者を支援する機関としては，各都道府県警察・検察庁・地方自治体・医療機関・弁護士会・法テラス・各都道府県の被害者支援センターが主なものとしてあげられ，2023年6月の「犯罪被害者等施策推進会議」の決定を受けて，政府も犯罪被害給付制度の抜本的強化や地方における途切れない支援体制強化に向けた取り組みを行っているところではある。あわせて進めていくべきことは，犯罪被害者に対する社会全体の関心の高まりである。

2 | 誰しもが犯罪被害者になる可能性があるということ

　法務省主唱の「"社会を明るくする運動"～犯罪や非行を防止し，立ち直りを支える地域のチカラ～」は年間を通した国民運動で7月を強化月間としている。「すべての国民が，犯罪や非行の防止と犯罪や非行をした人たちの更生について理解を深め，それぞれの立場において力を合わせ，犯罪や非行のない

安全で安心な明るい地域社会を築くための全国的な運動」[1] であるが，このように再犯防止やそもそも犯罪が発生しないための啓発活動は比較的耳目に触れる。犯罪被害者支援についての国民運動は警察庁の「犯罪被害者週間」が毎年11月25日から12月1日の間実施されている。「犯罪被害者等が置かれている状況や犯罪被害者等の名誉又は生活の平穏への配慮の重要性等について，国民の理解を深めることを目的」[2] としているが，前者の運動と比べてまだまだ社会全体の認知が進んでいるとは言い難い状況にある。

　犯罪被害者に関する基本理念を掲げ，国や地方自治体だけでなく国民一般の責務も明らかにした「犯罪被害者等基本法」は2004年に成立した。同法に基づき，「犯罪被害者等基本計画」が2005年に閣議決定され，国等が取り組むべき具体的な施策の方向性が示されているが，このようにわが国の犯罪被害者支援施策の制度的歴史が比較的浅いことにも起因すると考えられよう。しかし，誰しもが犯罪被害者になるという可能性は厳然として存在する。ここでも多くの人が「当事者意識」を持つことができれば，被害者に対する無理解や心ない言動を行う人は確実に減少することだろう。そのためにも犯罪被害者支援に関する啓発活動の意義は重要である。

4 まとめ—罪を犯した人を「排除」することは そもそも可能なのか—

　犯罪を犯した人が目指すべきところは地域での安定した生活であるが，犯罪の被害者においても心身共に穏やかな生活の回復が目指される場は地域である。ということは，両者は「同じ」地域（社会）で暮らさざるを得ないという状況が生まれてしまう。

　「モンスター」を社会から排除したいと願う人は多いだろうが，犯罪を犯した人は死刑にでもならない限り地域社会に必ず戻ってくる。私たちの隣人となることは確定している。そうであるならば彼らが再び犯罪を犯すことがないような環境を整備することが，新たな犯罪被害者を生まないことにも通じるのではないだろうか。これは国や地方公共団体の施策の充実はもとより，地域社会の人々の理解と協力なくしては機能しない。そもそも犯罪が発生しない社会を創る，という高邁な理想を掲げ，いろいろな背景を持つ人間同士が共生できる

ような仕組みを工夫したい。私たち社会が団結して対峙すべきモンスターは犯罪者ではなく，犯罪そのものなのである。

当事者から：ヤクザだった私ですが，自立準備ホーム*4 を立ち上げました

　昔の私には生きている意味，そして希望はなかった。しかし今，私は生きていることに心から感謝している。少年院，刑務所に入りヤクザの世界で覚せい剤に溺れ，自分は犯罪の世界でしか生きていけないと思っていた。覚せい剤使用による幻覚で5階から飛び降りて生死をさまよい，奇跡的に命拾いした。それまではいつ死んでもいいと思っていたが，今は生きていて本当に良かったと思う。そのときに大怪我をした右足は今も不自由だが，自分の足でしっかりと歩いている。

　しかし，生死をさまよう経験をしても覚せい剤をやめることができず再び刑務所に収監されたとき，「自分の人生は一体何なのだろうか？」と心底自分に絶望した。そのようなときにある本を通して聖書という存在に出会った。闇の中から一筋の光が見え，こんな自分でも神を信じれば人生をやり直すことができるのではないかと絶望が希望へと変わった。

　前回刑務所を出てからは再犯することなく11年半が過ぎた。社会の中には様々な立場の人たちが犯罪当事者に寄り添い，支えがあることを知ったからだ。現在は少年院等で自らの経験を伝えたり，自助グループの運営などの更生支援活動を行っている。また今年は多くの人のご理解と協力のもと，刑事施設等から出ても帰る場所がない人たちの施設，「自立準備ホーム【俺ん家（おれんち）】」を故郷の栃木市に設立することができた。私たちのような立場の人を少しでも理解しようとしてくれる方たちとの出会いに感謝しかない。

（一般社団法人「希望への道」代表　遊佐　学）

---

*4　自立準備ホーム：帰住先の確保が困難な人に対して，宿泊場所の供与と自立のための生活指導（自立準備支援）のほか，必要に応じ食事の給与を委託する施設。法務省の保護観察所に登録された民間法人・団体等の事業者が様々な形態で運営している。2023年4月1日現在の登録事業者数は，506。

引用文献

1) 法務省:第74回"社会を明るくする運動"〜犯罪や非行を防止し,立ち直りを支える地域のチカラ〜. https://www.moj.go.jp/hogo1/kouseihogoshinkou/hogo_hogo06.html（2024年9月30日アクセス）
2) 警察庁:犯罪被害者週間. https://www.npa.go.jp/hanzaihigai/koukei/week.html（2024年9月30日アクセス）

参考文献

新宿19の会編:歌舞伎町で再犯防止について考えてみた,学文社,2022.
法務省:令和5年版再犯防止推進白書. 2023.
法務省:令和5年版犯罪白書. 2023.

第10章

共生社会とソーシャルワーク
—共生社会を地域で創るコミュニティソーシャルワークの展開—

隅河内　司

1　共生社会の姿

　わが国では，共生という言葉は，様々な分野で基本的な理念や考え方として活発に用いられているが，その概念は広く，曖昧性も指摘される。

　それでは，共生の本質および共生社会とはどのようなものだろうか。「共生は単に人間が集団を成して生きることを意味するものではない。自分と異なる他者と共に生きることが共生の本意である」[1] ことを基底にしてソーシャルワークの視点から考えると，共生の本質とは排除される人々をなくすこと，困難を抱える人を支援すること，そしてそれらを取り巻く環境を改善することを射程として実践することである。つまり，私たちが目指す共生社会とは，ただ単に人々が同じところに暮らす社会と漠然と捉えるのではなく，困難を抱える人が自分らしく生き生きと暮らせる社会であり，誰もが差別や排除されない社会である。

2　ソーシャルワーク専門職のグローバル定義

　次に，ソーシャルワークについて整理しておく。2014年7月の国際ソーシャルワーカー連盟（IFSW）国際会議（メルボルン会議）において，従来（2000年）の「ソーシャルワークの定義」が，「ソーシャルワーク専門職のグローバル定義」として改定された。その内容について，日本ソーシャルワーカー連盟[*1] は，「ソーシャルワークは社会変革と社会開発，社会的結束，および人々

---

*1　日本ソーシャルワーカー連盟（JFSW）：日本社会福祉士会，日本精神保健福祉士協会，日本医療ソーシャルワーカー協会，日本ソーシャルワーカー協会で構成するソーシャルワーカーの専門技能向上と倫理確立を目指す組織。

のエンパワメントと解放を促進する，実践に基づいた専門職であり学問である。社会正義，人権，集団的責任，および多様性尊重の諸原理は，ソーシャルワークの中核をなす。ソーシャルワークの理論，社会科学，人文学，および地域・民族固有の知を基盤として，ソーシャルワークは，生活課題に取り組みウェルビーイングを高めるよう，人々やさまざまな構造に働きかける。この定義は，各国および世界の各地域で展開してもよい」[2]と示している。

また，上記の解説の注釈の中で，ソーシャルワーク専門職の中核任務は，社会変革・社会開発・社会的結束の促進，および人々のエンパワメントと解放であるとし，その上でソーシャルワークは実践に基づいた専門職であり学問でもあるとしている。そして，人権・階級・言語・宗教・ジェンダー・障がい・文化・性的指向などに基づく抑圧や特権の構造的障壁の解消に取り組むため，専門職は不利な立場にある人々と連帯しつつ，貧困を軽減し，抑圧された人々を解放し，社会的包摂と社会的結束の促進に努めなければならないと説明している（図10-1）。

この定義改定の主なポイントについて，第一には，旧定義で規定されていた

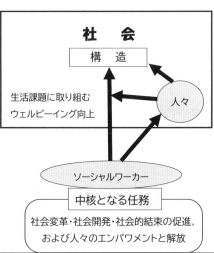

図10-1　ソーシャルワーク専門職のグローバル定義概説

（筆者作成）

「問題解決」を図るという視点に代えて，新定義では問題解決という言葉が姿を消し，ウェルビーイングを高めることを目指し，生活課題に取り組む支援を行うとともに，人々や様々な構造に働きかけるという視点が導入されたことがあげられる。第二には，資源の配分や意思決定に影響力を持っている法律や制度，その他のルールや権力の保有状況等の構造的条件への挑戦を期待するなど，社会変革に向けてマクロレベルでのソーシャルワーク実践をより強調するものとなっている。このことはソーシャルワーカー専門職に対して「主体的に社会を変える役割を担う」という自覚を強く求めていることでもある。

3 　共生社会につながる福祉パラダイム

　次に，ソーシャルワーカーが目指す共生社会の源流について探ることとする。ソーシャルワーク専門職団体である公益社団法人日本社会福祉士会は，「地域共生社会とは，決して新しい言葉ではない。地域のなかで共に生きる社会をつくる。このことは，以前から障害者運動や地域福祉の文脈で語られてきたことである。1981年の国際障害者年を契機にして日本国内で広がったノーマライゼーション。障害の有無にかかわらずノーマルな生活を営むことは権利であるという思想は，共生社会の原理である」[3]と整理している。また，障がい者に対する差別に関して，「障害を理由とする差別の解消の推進に関する法律（障害者差別解消法）」施行後に起きた津久井やまゆり園事件に触れて，今日的な優生思想や差別構造を指摘し，優生思想についても「何をもって優生と為すか，今日のそれは能力主義であり，新自由主義と結びつくことによって経済的生産性の有無が人間の価値に直結しやすい。すなわち稼ぐことができない人は人間としての価値も劣るという思考である。（中略）このような考え方では，差別はなくならない」[4]と主張している。真の地域共生社会を実現するには，一人ひとりの尊厳を尊重し，あらゆる差別を問題にし，それを解消するためのシステムを社会的につくり上げなければならない。その道筋についても，「制度やサービスだけではなく，私たち一人ひとりの意識や行動を変容させることが不可欠である。それは極めて厳しいが，でもそれを諦めてしまったら差別を助長し，社会的排除を認めていくことになる。その結果はやがて戦争につながって

いくかもしれない」[5]と結んでいる。

　以上が，専門職団体である日本社会福祉士会が示した共生社会に関する考え方である。障害者を支える理念であるノーマライゼーションや自立生活思想，そして，それらを基盤として策定された「障害者の権利に関する条約（障害者権利条約）」の考え方が地域共生社会の基底となっているのである。障害者権利条約の重要な理念の一つにインクルージョン（政府公定訳では「包容」）があるが，これを「社会モデル」に立って理解すると障がい者が包容されるのではなく，社会の側がすべて受け容れられるように社会の側が変わることを意味し，障がい者側に権利の主体があることを示すものである。つまり，「共生社会」とは，障がい者や困難を抱える人を含め誰もが差別や排除されずに，生き生きと暮らせることが権利として保障される社会である。

4 障がい者を支える理念を踏まえた共生社会の原理

　次に，共生社会の原理について迫ることとする。具体的には障がい者を支える理念であるノーマライゼーションの考え方から共生社会の理論的根拠を明らかにする。

1 ノーマライゼーションに含まれる2つの要素

　ノーマライゼーションは，言うまでもなく障がい者を支える理念の原点であり，特に知的障がい者の支援について，従来の共通理解を転換し新たな価値観を提示したものであるが，本稿では，そこにとどまらず，ノーマライゼーションが持つ見過ごされがちな意義に焦点を当てて，共生社会との関係性を述べることとする。

　ノーマライゼーションは，デンマークの「1959年法」で法制化されたもので，当時デンマーク社会省の官僚であったバンク‐ミケルセンによって起草された。彼は行政官であると同時に知的障がい者の親の会の活動にも関わっていた。ノーマライゼーションという用語は，その親の会が国へ提出した要望書のタイトルになったものである。具体的には，「知的障がいを持っていても，その人は一人の人格を持った存在であり，障がいを持たない人々と同じように生

活する権利を有する人間である」という知的障がい者観に基づきつつ，「障がいのある人をノーマルにするのではなく，彼らにノーマルな生活条件を用意すること」としている。その後，バンク-ミケルセンの考えを8つの原則として学問的に定義したのがスウェーデンのニィリエである。彼もまたスウェーデンの知的障がい者家族会のオンブズマン兼事務局長を務めていた。そして，バンク-ミケルセンもニィリエも第二次世界大戦中反ナチスのレジスタンス運動に参加しており，これらの体験がノーマライゼーションの原点になったと考えられる。

　次に，ノーマライゼーションが持つ本質的意義という視点から「ノーマライゼーションに含まれる2つの要素」について説明する。1つ目の要素は「ノーマルな暮らしの実現」である。バンク-ミケルセンは，障がいがある人にとっては，その国の人々が受けている通常のサービスだけでは十分ではなく，障がいがある人が，障がいがない人と平等であるためには，特別な配慮が必要なのであると示しているが，このことは，障がい者に特別なケアを提供することを権利として認めているのである。2つ目の要素は「ノーマルな社会づくり」である。これは，「障害者を排除し，差別的に取り扱ってきた社会の能力主義的な人間評価原理に対する反省のうえに立って，障害者が障害を持たない市民と対等平等に存在する社会こそが『ノーマルな社会』であり，このような社会に変革することを強く志向するという視点を含んでいる」[6]。つまり，ノーマライゼーションは「ナチズムの人間観への根本的な批判を背景にして，知的障害者がおかれていた反福祉的現実に対する平和−福祉思想として登場したということができる」[7]もので，単なる福祉の思想というよりも，平和福祉思想という人間社会の根本となる重要な思想だと理解すべきである。

　なお，個人の尊厳や人権を追求する視点と，社会を変革していく視点というノーマライゼーションの2つの視点は，人権と社会正義を主な諸原理としているソーシャルワークの考え方と通底しているものであると付言しておきたい。

2　ノーマライゼーションの理念を踏まえた共生社会の原理

　次に，平和・福祉思想としてのノーマライゼーションを踏まえた共生社会の

理論的根拠について述べることとする。鈴木勉は平和学を唱えるノルウェーの社会学者であるヨハン・ガルトゥングの研究を紹介し，次のように定義している。「彼は暴力を直接的暴力と構造的暴力の2つの類型でとらえ，平和学の構成要素を次の通り示している。すなわち，『直接的暴力』（＝戦争）がない状態を『消極的平和』として，『構造的暴力』（＝貧困・抑圧・差別など）がない状態を『積極的平和』とする考え方である。平和学の提案に従えば『共生社会』とは『構造的暴力』に対して，第1に『反貧困としての福祉』，第2には，『反抑圧・差別』としての平等がうちたてられるであろうし，さらに第3として『直接的暴力』である戦争を否定する平和を加えた3つの基本原理で構成される社会といえよう」[8]。

第一の「反貧困」としての福祉は，なんらかの理由で生活上の困難を負ったとしても，他の人と同等の生活を営めること，さらに，潜在能力等を活かして全面的な発達が実現できるように所得保障や社会サービス保障が整っている状態をいう。

第二の「反抑圧・反差別」としての平等については，ノーマライゼーションを基盤にして成立した障害者権利条約に組み込まれた平等回復が措置された状態をいう。具体的には，障がい者に限らずすべての人々にとって使いやすいという考え方を法的な権利として規定する①普遍的な法的権利保障と，人種差別撤廃条約や女性差別撤廃条約のように国や法令などによって格差と差別を積極的に是正する②特別の措置，そして，この積極的是正策だけでは障がいの状況や取り巻く環境が個々に異なるため平等回復につながらない障がい者の実情を踏まえて新たに規定された③合理的配慮の3つの措置があげられる。これら3つの平等回復措置は，バンク-ミケルセンがいう特別の配慮を具現化した内容と理解することができる。

第三の「平和」について，戦争は国民に生命の危険と貧困・抑圧・差別をもたらすことは自明である。貧困がファシズムを生み，それが国民の平和的生存権を脅かした第二次世界大戦の歴史的教訓を踏まえ，貧困を防止する社会保障制度を充実させ，平和な民主国家を築くことが共生社会の原理となるのである。

5．共生社会を地域で創るために　131

5　共生社会を地域で創るために

1　地域共生社会政策の流れ

　わが国の社会福祉は，高齢者，障がい者，子どもなどの対象者ごとに，また，生活に必要な機能ごとに典型的なニーズに対して専門的なサービスなど，公的支援制度の整備と公的支援の充実が図られてきた歴史がある。しかしながら，人口減少や家族・地域社会の変容によって，今まで家族や地域社会の中で自然に行われてきた支え合いの関係などが変化し，個人や家族，地域の福祉のニーズも多様化し，様々な分野の課題が絡み合って複雑化する問題に対して複合的な支援が求められるようになった。

　このため，2015年9月に，厚生労働省のプロジェクトチームが「新たな時代に対応した福祉の提供ビジョン」をまとめた。それを受けて，2016年6月に閣議決定された「ニッポン一億総活躍プラン」では「地域共生社会」[*2]という用語が盛り込まれ，方向性が示された。2017年6月には1回目の改正社会福祉法が，その後の「地域共生社会推進検討会」を経て，2020年6月に2回目の改正社会福祉法が公布された。その中では，地域共生社会の実現に向けて包括的な支援体制を推進するための施策として，各自治体の実情に応じて展開できルールづくりや補助金・交付金の見直し等を盛り込んだ重層的支援体制整備事業が創設された（図10-2）。

　以上のような地域共生社会政策の流れは，新たに創設された重層的支援体制整備事業を活用するか，しないかを含め，各自治体における高齢者や障がい者等の相談支援機関の役割や連携，体制の在り方などを問い直すことになるであろう。

　私たちが目指すノーマライゼーションを基盤にした共生社会というものは，

---

*2　地域共生社会：分野の縦割りや支え手・受け手という関係を超えて，地域の住民や多様な主体が参画し，人と人，人と資源が世代や分野を超えつながることで，住民一人ひとりの暮らしと生きがい，地域をともに創っていく社会を目指すもの（厚生労働省ホームページ「地域共生社会のポータルサイト」抜粋）。

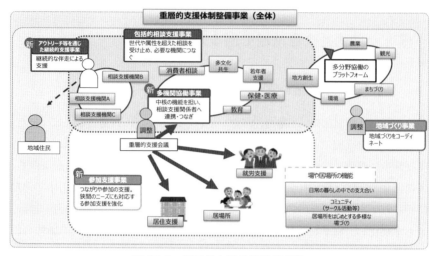

図10-2　重層的支援体制整備事業

出典）厚生労働省「令和2年度地域共生社会の実現に向けた市町村における包括的な支援体制の整備に関する全国担当者会議」資料

　あくまでも多様な価値観を認め合い，一人ひとりが自分らしく豊かに暮らせる社会，誰もがそうした社会に生きる権利を持っていて，それは日本全国どこにいても保障されることを目指すものである。国の地域共生社会政策が地域の実情に応じて各地域・自治体に委ねている状況は，地域格差の拡大や公的責任の肩代わりをする活動を住民に求めたりすることなどが危惧される。そうした中で，誰一人排除しないという共生社会の目標を実現するには，人権擁護と社会変革の視点を持つソーシャルワーク実践を地域の中で展開することが必要である。

2　コミュニティソーシャルワークとは

　困難を抱える人が自分らしく生き生きと暮らすことのできる地域社会を創るためには，包括的な支援体制を整備するとともに，個別支援と地域支援を連続的かつ統合的に捉える実践が求められる。

　地域共生社会での活躍が期待されるソーシャルワーク専門職の職能団体である日本社会福祉士会では，特定のクライエント個人や家族の地域生活課題の解

決を目指した「個別課題解決に向けた実践」と，地域や社会の複数の人々に現在あるいは将来において普遍的に影響を及ぼし，地域生活課題を生じさせている，あるいは生じさせると考えられる社会構造の変革を目指した「地域課題等の解決に向けた実践」の循環が地域共生社会創造の基底になると整理している[9]。

　また，日本地域福祉研究所は「コミュニティソーシャルワークとは個別支援と地域支援の総合的展開によるソーシャルワーク実践である。(中略) 個別ニーズに即した地域支援を重視する」[10]と示し，さらには，岩間伸之らは，「個を地域で支える援助と個を支える地域を作る援助という2つのアプローチを一体的に推進する」[11]と述べるなど，いずれも個別支援と地域支援の一体的展開，いわゆるコミュニティソーシャルワーカー（CSW）の重要性を論じている。

　次に，コミュニティソーシャルワークの内容について，実践における中核的な仕組み・行動原理について重要なポイントを整理しておく。まずは，顔の見える関係を重視する限定した一定の地域エリアを対象とする「①地区担当制」を敷くこと，「②循環的支援の展開と普遍性」として，ストレングス視点に立って問題解決を図る個別支援の展開と，普遍性の視点からその実践を活用し地域の中で予防的支援等や仕組みづくりに取り組むこと，「③アウトリーチによる広範なニーズへの対応」として，本人の生活の場に近いところに出向き，従来の制度的枠組みでは対応できない人を含め，本人が感じているまたは潜在的に抱えている生活のしづらさに対応すること，「④公的支援と住民活動の協働」として，行政機関や福祉等の専門職と，民生委員など地域に居住する非専門職やボランティア，セルフヘルプなどの団体との協働を進めること，「⑤ケースカンファレンス」はコミュニティソーシャルワークのツールである。一つの事例について関係者が意見交換を重ね，個人の生きづらさや地域課題の解決に向けた動きをつくり出していくことがあげられる。

3　コミュニティソーシャルワークの実践

　最後に，コミュニティソーシャルワークの実践について筆者がアドバイザーを務める相模原市社会福祉協議会（以下「相模原市社協」）の取り組みを紹介する。相模原市は，福祉圏域を重層的に位置づけている。その範囲は全市域を

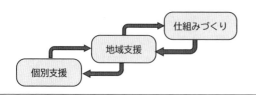

図 10-3　CSW による循環的支援の展開と普遍性

出典）相模原市社会福祉協議会資料を参考に筆者作成

対象とした「大圏域」，それを3つに区分した「中圏域」，さらにまちづくりセンターを中心に区分した「小圏域」，そして，日常的に顔の見える関係が築かれている自治会単位や小学校区規模を「小地域」としている。中でも，「小圏域」は，地区民生委員児童委員協議会，地区自治会連合会など，地域福祉やまちづくりの基盤が整備されるとともに，小地域を含めた福祉課題の検討や活動を実践する最も重要な圏域であると位置づけられている。また，小圏域における地域福祉の推進は地域のアイデアと力を結集する「地域の福祉活動のまとめ役」を担っている地区社会福祉協議会が基盤となっている。

こうした状況において，相模原市社協は2017年度からすべての小圏域に各1名，合計22名のCSW職員とそれを補佐するCSW支援員合計7名を配置する「①地区担当制」を整備した。活動内容としては，図10-3の通り個別支援と地域支援，そして仕組みづくりを関連させながら展開する「②循環的支援の展開と普遍性」に取り組むとともに，主な対象者について，基本的にはまず一度はどのような相談でも受けることとし，対応方法としては「断らない支援」

を前提に自ら助けを求めることができにくい人に対してこちらから出向くなど，「③アウトリーチによる広範なニーズ」への対応を実践している。また，「④公的支援と住民活動の協働」として，公的な福祉サービスと市民による支え合い活動の連携と役割分担を図り，個別支援から抽出された課題に対し，地域のつながりで解決できる仕組みづくりを進めており，図 10-4 ①（p.136）のように広報紙で啓発を行っている。最後に，「⑤ケースカンファレンスの実際」として，事例を広報紙で紹介する取り組みも行っている（図 10-4 ②，p.137）。相模原市社協の場合は，グループスーパービジョンの手法により支援困難事例に対する援助方法や連携について導き出すとともに，その事例を通して地域課題の抽出を行っている。

　以上のようなコミュニティソーシャルワーク実践を丁寧に進めることが身近な地域を共生社会に変えていくことにつながるのである。つまり，生きづらさを抱えた人やその周囲の人も含め誰もが排除や差別されずに自己実現が図れるように必要な支援に取り組むとともに，それを権利として保障できる仕組みやシステムの構築に向けて，行政や地域住民に働きかけることが求められているのである。そして，言うまでもなく，この活動の中核となるのはソーシャルワーク専門職である。今後，さらなる資質の向上が期待される。

① 公的な福祉サービスと市民による支え合い活動の連携と役割分担

市民による支えあい活動
- 「つながり」の場を通じた「困りごと」への気づき
- 「つながり」の場への参加による孤立・孤独の解消

〈連携の効果〉

困りごとを抱えている方
- 高齢者、障がいのある方、子ども、子育て家庭
- 生活困窮者、ひきこもり

支援が必要な方の早期発見

支援が必要な方の生きる力を引き出す

公的な福祉サービスによる支援
- 他機関の協働による専門相談支援
- 公的な福祉サービスの提供

● 「困りごと」への気づき

支援が必要な方の「困りごと」に周囲が気付き、「民生委員・児童委員、主任児童委員(以下、民生委員)」等を通じて「専門相談支援」に届けられ、早い段階での公的な福祉サービスの開始や世帯の状況変化にも対応できる仕組みを作ることが求められています。

● 「つながり」の場づくり

地域の住民や多様な社会資源との関わりで取り組まれる「つながり」の場は、支援が必要な方の孤立・孤独感を解消し、本人が役割を持つことで生きる力が引き出され、公的な福祉サービスによる支援の効果を高めることにつながります。

ちょっとした「困りごと」の気づきが大事！

「つながり」の場に「おむすび」します！

図 10-4　社会福祉協議会の広報の例

出典）相模原市社会福祉協議会おむすびだより CSW 実践報告．令和 6 年 1 月号

② 個別支援事例 〜 自宅開放による独居高齢者の孤立感解消に向けた取り組み 〜

★「困りごと」の気づき

Aさん70代女性：他市在住の妹から市社協に姉のAさんのことで電話が入りました。Aさんは足腰が悪く要介護2と認定され、自宅に閉じこもりがち。さらに、自分の話しばかりして相手を疲れさせてしまい孤立ぎみ。人と接する機会を増やすため、姉（Aさん）の自宅を「集いの場」として開放し地域に役立てたいとのことでした。

★「困りごと」の共有

Aさんの意向を確認し、担当ケアマネジャーや関係者からAさんの状態像を確認しました。「集いの場」を開催する上での課題として、Aさんが主体となって「集いの場」を運営することは難しく、Aさんの特性を理解し主体となって協力できる人が近くにいないこともわかりました。これらの課題をもとにCSWは、地区内の関係機関と支援策を検討し、民生委員にも協力していただきました。

★地域での支えあい活動・成果

- 必要備品は地域包括支援センターや地区内の施設から借用しました。準備は地区のボランティアに依頼するなど、地域資源の力を駆使し、民生委員が主体となり体操と茶話会を合わせた「集いの場」を実施することができました。
- Aさんは、自宅を開放した「集いの場」ができたことにより、一緒に体操に取り組むことができる近隣住民とのつながりができました。また、定期的に話しを聞いてもらえるボランティアとのつながりもできました。

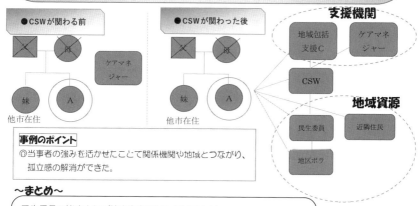

事例のポイント
①当事者の強みを活かせたことで関係機関や地域とつながり、孤立感の解消ができた。

〜まとめ〜

民生委員の皆さんにご協力をお願いしたいことは…
- 「困りごと」への気づき （普段の声かけ、地域の変化を感じ取る）
- 傾聴 （身近な相談相手として対象者の話を聴く）
- 見守り （声かけや関係機関へのつなぎ）

※何か気にかかることがあればCSWへご相談ください。

CSWの役割は…
- 世帯丸ごと支援（課題の整理）
- 関係機関とのネットワークづくり（課題解決に向けた役割分担）
- 地域で支える仕組みづくり⇒地域の皆さんと取り組みます！

引用文献

1) 朴光駿，村岡潔，若尾典子ほか編著：共生の哲学，明石書店　2023，p.17.
2) 日本ソーシャルワーカー連盟（JFSW）：ソーシャルワーク専門職のグローバル定義. https//jfsw.org/definition/global_definition/（2024年10月31日アクセス）
3) 日本社会福祉士会編：地域共生社会に向けたソーシャルワーク，中央法規出版，2018，p.2.
4) 前掲書3），p.3.
5) 前掲書3），p.4.
6) 鈴木勉：平和・福祉思想としてのノーマライゼーション—生成とその展開．現場がつくる新しい社会福祉（総合社会福祉研究所編），かもがわ出版，2009，p.117.
7) 前掲書6），p.113.
8) 前掲書1）p.170.
9) 前掲書3）p.42.
10) 日本地域福祉研究所監修，宮城孝，菱沼幹男，大橋謙策編：コミュニティソーシャルワークの新たな展開—理論と先進事例，中央法規出版，2019，p.82.
11) 岩間伸之，野村恭代，山田英孝ほか：地域を基盤としたソーシャルワーク—住民主体の総合相談の展開，中央法規出版，2019，p.14.

参考文献

花村春樹訳・著：「ノーマリゼーションの父」N・E・バンク‐ミケルセン—その生涯と思想，ミネルヴァ書房，1994.

ベンクト・ニィリエ著，河東田博・橋本由紀子ほか訳編：ノーマライゼーションの原理—普遍化と社会変革を求めて，現代書館，2004.

隅河内司・柴田真弓：A市におけるコミュニティソーシャルワーカーの実践．田園調布学園大学紀要，2022；16.

相模原市社会福祉協議会：コミュニティソーシャルワーカー実践報告．2020.

相模原市社会福祉協議会：おむすびだよりCSW実践報告．令和6年1月号，2024.

日本社会福祉士会編：地域共生社会に向けたソーシャルワーク，中央法規出版，2018.

第11章

民生委員のエスノグラフィ
―地域で共に生きる―

藤原　亮一

1　はじめに―民生委員当事者として―

　本稿は民生委員による民生委員のエスノグラフィである。もともとエスノグラフィは人類学や社会学の研究法であったが，昨今では生活や活動の当事者が，自分について語った記録もエスノグラフィと呼ぶ。

　どのようにして筆者は民生委員となったのか。ほかの民生委員や，行政との関わりはどうか。筆者の経験した民生委員の現実を描きたいと思う。民生委員とその活動に興味を持っている人，将来的に民生委員になるのもよいと考えている人，地域福祉に関心のある人に読んでいただきたいと思う。

　筆者は東京の中野区で民生委員をしている。民生委員は児童委員も兼ねており，中野区の民生委員児童委員（以下，民生委員）の定数は 311 名。2024 年12 月現在の欠員が 34 名，空席はなかなか埋まらないと聞く。民生委員の不足には，様々な要因が考えられる。肌感覚で言えば，民生委員について発信される情報量の不足が問題ではないかと思う。民生委員を引き受けるか否か，誘いを受けて迷っているときに，知りたい情報が手に入らず結果としてお断わりになる。

　筆者の例では，選考の過程，活動の内容，担当の地域など，具体的な事柄をもっと知りたかった。自分では役不足ではないか。推薦に落ちたら恥ずかしい。就任前にいろいろな不安があった。会議や打ち合わせの頻度，学習機会の有無，報告書などの作成，扱う個人情報の範囲など，教えて欲しいと思う人もいるであろう。民生委員活動について，真摯に考える人ほど細部まで気になると思う。なお，筆者のエスノグラフィという個人的な経験を，より俯瞰的に理解していただくために，民生委員をテーマにした調査の結果も参照したい。

　地域の活動には前向きなのに，民生委員への就任を躊躇する人は多いのでは

140　第11章　民生委員のエスノグラフィ―地域で共に生きる―

ないか。筆者のエスノグラフィを読んで，一人でも多くの方が民生委員の活動に興味を持ち，就任に前向きになって下さることを願って止まない。

2 ┃ 民生委員になるまで

　民生委員へのお誘いが，誰によって，どのように進められ，そして，推薦されるに至ったのか。ここでは筆者の経験した一連の過程を描くことにする。

1 ┃ お隣さんは民生委員でした

　民生委員について考えるようになったきっかけは"お隣さん"の存在である。そろそろ引退するので，次は藤原さんにお願いしたいと思う，そう隣家のSさんから言われたのである。十年来付き合いのあるSさんだが，民生委員をしていたとは初耳であった。民生委員に定年があることも，このときに初めて知った。

　福祉の大学で教えている藤原さんなら安心して任せられる。仕事を持っている委員も多い。困ったときはいつでも相談に乗る。町会長さんも乗り気と背中を押された。仲良しのSさんの申し出である。お受けすると伝えながらも不安は残った。筆者は現職の大学教員である。平日は授業や会議があり，土日もオープンキャンパスや入試などの学務が毎月のようにある。民生委員を引き受けても，住民や他の委員に迷惑をかけることが気がかりであった。いずれにせよ，お隣のSさんの声かけがなかったら，民生委員にはならなかったと思う。Sさんの存在は大きく，今でも良き相談相手である。

2 ┃ 民生委員に推薦される

1）町会長のOさん

　筆者の住む東京都中野区南台は商店街の名残りをとどめる古い町である。住民の中には，地元生まれの地元育ちも多く，居住30年未満は新参者といった風を時に感じる。町会長Oさんのお顔は存じていたが，家に出向いてお話するのは初めてであった。履歴書を作成して持参，身上について語る。もろもろの情報は既にSさんから伝わっており，人柄を見定めることが面接の目的で

あったと思う。ただし，この町内にずっと住まうつもりかは念押しされたように記憶する。

町会長のＯさんに渡された書面には，民生委員の候補について，町会や自治会の会長が推薦人になり，推薦書と履歴書を民生委員推薦準備会に提出するとあった。また，筆者のような常勤者は，別途，追加資料が必要な場合もあり，一連の実務は，南中野区民活動センターがあたると書いてあった。

2）区民活動センターのＭさん

Ｏ会長に続いてお会いしたのは，区民活動センターの職員Ｍさんである。Ｍさんにはいろいろ突っ込んだ質問をされた。例えば，「仕事の専門は何か」「地域活動の経験は」「中野との関わりは」「民生委員としてやってみたいことは」などなど。中野愛については特に念入りに聞かれたように思う。学生時代は松が丘に下宿し，哲学堂の周辺をよく散歩した。野方図書館には受験勉強でお世話になり，中央図書館のＤ51 にのぼって遊んだこと。ブロードウェイにあった名曲喫茶の思い出なども話した。松が丘の思い出はＭさんにもあったように感じた。

たくさん質問をしたのは，Ｍさんが推薦書類を作成するからとのことであった。中野区から東京都，そして厚生労働省へと書類は回り，最終的に厚生労働大臣の委嘱が決まる仕組みであると教えられた。民生委員になった後も，Ｍさんとは会議のほか地域の見守り活動などで顔を合わせることになる。

3）東京都の推薦要件

どのような人に民生委員になってもらいたいかについて，東京都は以下のような要件を定めている[1]。これは民生委員法の第 6 条に準じている。

(1) 社会奉仕の精神に富み，人格識見ともに高く，生活経験が豊富で，常識があり，社会福祉の活動に理解と熱意がある者

(2) 当該市区町村の議会の議員の選挙権を持ち，担当予定区域または隣接地域におおむね 3 年以上居住しており，その地域の実情に精通し，かつ地域住民の信望があり，住民が気軽に相談に行けるような者

(3) 生活が安定しており，民生委員活動に必要な時間をさくことができ，かつ，健康である者

(4) 個人の人格を尊重し，人種，信条，性別，社会的門地によって，差別的

な取り扱いをすることなく職務を行うことができ，個人の生活上，精神上，肉体上の秘密を固く守ることができる者

(5) 児童委員として，児童の福祉増進に熱意があり，児童の心理を理解し，児童に接触して指導することができ，また，児童から親しみを持たれる者

このような適格要件についての規定があることは，民生委員になって初めて知ったことである。改めて読み直してみると，推薦のハードルはかなり高かったのだと思う。特に，(1)「人格識見ともに高く」，(2)「地域住民の信望があり」は，とても自分のこととは思えない。筆者の推薦書を書いて下さった区民活動センターのMさんには，ご苦労をおかけしたと思う。

とはいうものの，この5つの要件すべてに満点をもらえる人はそうはいないと思う。(3) の「民生委員活動に必要な時間をさくことができ」などは，常勤職に就いている筆者は大きな減点となったであろう。それでも推薦が通ったのは，担い手の不足が遠因にあったのかと考えてしまう。

3 民生委員の調査から

全国47都道府県の10～70歳代の1万人，男女5,000人を対象とした民生委員，児童委員についての意識調査がある[2]。これによると，64.0%の人が民生委員，児童委員の名称や存在を知っている一方で，その役割や活動の内容まで知っている人は5.4%にとどまる。つまり，言葉として民生委員や児童委員は知っていても，どこでどのような活動をしているかの実際を知る人は，20人に1人しかいないことがわかる。民生委員についての筆者の無知は，個人的な問題ではなかったのかもしれない。民生委員の担い手を増やすためには，実際の活動をより多くの人に周知する必要があるように思う。

民生委員の推薦に関わる調査についても触れておく。8都道府県のおよそ28,000人の現役民生委員を対象にした調査である[3]。この調査によると，自分が推薦された理由として，第1位は「地域での居住年数が長いから」，第2位は「自治会，町内会等の役員の活動実績が長いから」，そして，第3位が「PTA活動や社会教育活動をしていた経験から」があげられていた。なぜそう考えたのか，理由についてはこの調査から知ることはできない。しかし，筆者が「中野愛」や「地域の活動経験」を聞かれたように，町会長や行政職員との面接か

ら上記３つの推薦理由をあげたことは想像できる。

　同じ調査に，自分が民生委員に推薦されたとき感じたことを尋ねた質問がある。感じたことの第１位は，「社会のために役立つことはやらなければならないと思った」77.6％，第２位「推薦されたので，断り切れずに引き受けた」75.7％，そして，第３位は「地域社会，住民の為に働くことは，自分にとっても生きがいになると思った」68.0％となっていた。

　お隣のＳさんに推薦されたとき，筆者に断る気持ちはなかったし，地域に自分の経験が役立つなら引き受けようとも考えた。定年後の自分の行動範囲が広がると考えたことも事実である。推薦されて考えたことは，全国調査の回答者の感じたこととはほぼ重なっている。

3 活動のスタートライン

　民生委員活動を始めるにあたり，委嘱状のほかにも支給あるいは貸与されるものが数多くあることを知る。また，中野区の地域活動の関係部署と中野区民生児童委員協議会（中野区民児協）の知識も早い段階で頭に入れる必要を感じた。筆者の民生委員活動の第一歩は，委嘱状の伝達式への参加と頂戴した品々を無事に持ち帰ることであった。なお，委嘱と担当区域が決まった委員の氏名，電話番号，そして，担当区域は『なかの区報』により公表される。

1 必要な品々を得る

1) 身分証明書

　民生委員は厚生労働大臣の委嘱を受けている。図11-1は「委嘱状」である。これは持ち歩くことはしない。携帯可能な身分証明としては，中野区が発行する「民生児童委員証」がある。民生委員番号，氏名，生年月日が記され，顔写真も貼付されている。区長名で「上記の者は厚生労働大臣が委嘱した民生委員・児童委員であることを証明する」と記され，公印が押されている。大きさは名刺大である。紛失した場合は速やかに中野区に届け出ることになっている。「委嘱状」と「民生児童委員証」は再任時に新しく交付される。図11-2は金属製の門標である。壁など木製でない場合の使用は難しい。図11-3は徽

章である。筆者の場合は地域活動や会議では用いない。式典や視察，研修などで参加者や場に敬意を示すときに着用する。図 11-4 は「民生委員児童委員手帳」である。この手帳は毎年交付される。手帳を使用しない委員もいるが，筆者は重宝して使っている。古い手帳も大切な情報源になる。このエスノグラフィを可能にしたのも，古い手帳の束と筆者宛の文書を残しておいたからだ。

身分を証明するもののほかに赤い活動用帽子とベストが支給されている。地域活動のおり着用を促されることが多い。なお，民生委員として活動するときは常時「民生児童委員証」の携帯が義務づけられている。

図 11-1　委嘱状

図 11-2　門標

図 11-3　徽章

図 11-4　民生委員児童委員手帳

(いずれも筆者撮影)

2) 知識と情報

　民生委員活動に必要な知識や情報については，これだけ知っていれば十分という限度はないと思う。法律や制度はしばしば変わる。社会や時代状況にあわせて民生委員の役割も変化する。行政組織や福祉団体の職掌や専門職の顔ぶれも変わる。担当の住民に変化があると，福祉のニーズも変わってくる。民生委員として誠実であればあるほど，学ぶべきことは多く，勉強に終わりはないと思う。

　法律や制度，民生委員の役割など大きな課題は，全国社会福祉協議会の『民生委員・児童委員必携』と東京都福祉局の『民生委員・児童委員の手引』の2冊が参考になる。共に書籍に割り振られるISBN（国際標準図書番号）はなく店頭販売はしていない。

　委嘱を受けてすぐに筆者が読んだのは，全国社会福祉協議会の『民生委員・児童委員必携』である。期待される活動の指針がまとめられていると思った。また，表紙のお花がよかった。年ごとに新版が出るが構成は同じである。最初に社会の変化を反映した新しい民生委員活動についての議論があり，次に特集テーマの章立てが続くつくりである。内容は全国の民生委員に向けたものである。2024（令和6）年版の冒頭の記事タイトルは「地域共生社会の実現に向けた取り組みと民生委員・児童委員活動に期待される役割」となっている。なお，図11-5は『民生委員・児童委員必携』の表紙である。表紙の撮影と掲載の許可を全国社会福祉協議会に求めたところ，ご厚意で写真を送って下さった。

図11-5　民生委員・児童委員必携
（全国社会福祉協議会画像提供）

　東京都福祉局の『民生委員・児童委員の手引』は，東京都の民生委員とその活動に関わるすべての内容を網羅的にまとめている。筆者はこの本を辞典のように使っている。索引が付いていたらよいといつも思う。関係団体と都条例，関連資料の内容は，東京都だけに特化したものである。しかし，そのほかの内容は全国の民生委員に役立つものである。ち

なみに，山梨県のホームページには，山梨版の『民生委員・児童委員の手引』
がある。こちらは全文閲覧が可能であり，内容は東京都版とほぼ同じである。
　中野区と中野区民児協の情報については，筆者は一緒に活動する民生委員の
仲間から多くを得た。住民からの相談をどこにつなげればよいか，仲間の委員
に聞けば，それは「すこやかさん」とか「活動センター」とすぐ教えてくれる。
「すこやかさん」って誰？「活動センター」はどこにある？　といった質問にも，
すぐに答えを返してくる。こうした電話や電子メールによる問答を半年ほど繰
り返すうちに，中野区と関連団体に関わるかなりの情報を入手した。家が近い
Aさんには特にお世話になる。本当に有難かった。また，O町会長はじめ，町
内会の古参の人々からの話も有難かった。特に，地域住民についての情報は貴
重であった。しかし，何より大切だと感じたのは，会議や研修の場での学びと
委員同士の情報交換である。

2 活動の内容

1）法律で定める活動を学ぶ

　ここでは，民生委員法に示された活動の内容を紹介する。民生委員の活動に
ついては，民生委員法の第14条により，以下のように定められている，

　　一　住民の生活状態を必要に応じ的確に把握しておくこと。

　　二　援助を必要とする者がその有する能力に応じ自立した日常生活を営むことが
　　　できるように生活に関する相談に応じ，助言その他の援助を行うこと。

　　三　援助を必要とする者が福祉サービスを適切に利用するために必要な情報の提
　　　供その他の援助を行うこと。

　　四　社会福祉を目的とする事業を経営する者又は社会福祉に関する活動を行う者
　　　と密接に連携し，その事業又は活動を支援すること。

　　五　社会福祉法に定める福祉に関する事務所（以下「福祉事務所」という。）その
　　　他の関係行政機関の業務に協力すること。

　また，児童委員としての活動は，児童福祉法の第1章第6節「児童委員」
の第17条により，以下のように定められている。

　　一　児童及び妊産婦につき，その生活及び取り巻く環境の状況を適切に把握して
　　　おくこと。

二　児童及び妊産婦につき，その保護，保健その他福祉に関し，サービスを適切に利用するために必要な情報の提供その他の援助及び指導を行うこと。

三　児童及び妊産婦に係る社会福祉を目的とする事業を経営する者又は児童の健やかな育成に関する活動を行う者と密接に連携し，その事業又は活動を支援すること。

四　児童福祉司又は福祉事務所の社会福祉主事の行う職務に協力すること。

五　児童の健やかな育成に関する気運の醸成に努めること。

六　前各号に掲げるもののほか，必要に応じて，児童及び妊産婦の福祉の増進を図るための活動を行うこと。

なお，次項でふれる民生委員児童委員協議会の全国レベルでは，地域共生社会に向けた行動の指針が議論されている。将来的には，前述の「必携」記事にもあったように，地域共生を担う民生委員・児童委員の役割が民生委員法，児童福祉法に明記されるかもしれない。

2）民生委員児童委員協議会に参加する

法律に定められた民生委員・児童委員としての活動を実践するために，民生委員児童委員協議会（民児協）が組織されている。協議会は市区町村を大きな単位として，いくつかの地区の民児協に分けられる。

中野区民児協には 14 の地区がある。つまり，311 名の民生委員が 14 の地区に割り振られている。筆者の割り振りは，南中野地区民児協であり，委員定数は 31 名である。31 名がそれぞれ担当区域を持ち活動する仕組みである。隣接する区域の担当委員との連携は密である。筆者の担当は，渋谷区と接する南台の町の一部になる。200 世帯ほどはあろうか。

民生委員としての筆者の初仕事は，南中野地区民児協の会議に出席することであった。「地区民」と呼ばれる月例会であるが，平日の 13 時 30 分から始まる 1 時間ほどの会議である。地区民に出席してまず感じたことは，女性委員が多いことであった。男性は筆者を含めて 4 人。少し圧倒される。机はロの字に配置され座席は指定であった。会長が会議の開始を宣言しても私語は止まない。私語は南中野だけかと思ったが，合同民児協の会議でも同じであった。会議中でもひそひそ話。これは中野区の民生委員の会議文化なのだと感じた。和気あいあいである。

議事に先立ち「信条」の朗読がある。これも筆者には新鮮であった。当番委員の発声に続いて30人の参加者の全員が唱和する。初体験でまごつく筆者に，『手帳』の表紙の裏にあると隣の委員がそっと教えてくれた。地区民の会場には暗唱している委員も数名いた。

地区民の議事進行は毎回ほぼ同じである。審議事項はなく報告のみが多い。会長挨拶に続き，中野区地域支えあい推進部の地域活動推進課，南中野区民活動センター，南部すこやか福祉センター，中野区社会福祉協議会の課長もしくは係長により報告がある。委員以外の出席者の多くはここで退席となる。休憩はなく，部会の報告や発表になる。すべての委員は，「子育て支援」「児童福祉」「高齢福祉」「障がい福祉」「生活福祉」の5つの部会のいずれかに参加する。研修や打ち合わせがあり，地区民の会場で部会報告を行う。初回の会議で，筆者は高齢福祉部会に参加が決定する。高齢福祉部会には男性委員が2名いた。女性ばかりの部会では，新参者は気が引けると配慮してくれたと思う。地区民の会場は南中野区民活動センターと決まっている。また，合同民児協は年に5回ほどで，区役所もしくはなかのZEROホールで実施される。ZEROには中央図書館が入っており，子どもの頃遊んだSLは今も健在である。

4 おわりに―民生委員の姿を紹介して―

初めて地区民に参加した帰りみち，副会長のKさんが一緒に歩いてくれた。個人的な話をしたあとで，「わからないことは聞いてください。私の家も遠くないです。Aさんの家もすぐ近くですから」と優しく言ってくれた。地区民の会場でも，「ぼちぼちやればいい」「あまり気負わずに」「最初から飛ばすと疲れるわ」などなど，周囲からの声かけがあった。嬉しかった。「南中野の地区民は雰囲気がよい。みな人柄がいい仲がいい」。隣のSさんの言葉を思い出していた。ゆるゆる行けと言われたが，担当区域を知らないのは恥ずかしい。時間をつくって散歩がてらせっせと地域を歩き回り，一月ほどで自分の担当区域を覚えた。町内会の集まりにも挨拶に行った。活動センターのMさんをよく見かけたのはこの時期であった。彼はいつも自転車であった。

筆者は民生委員になってよかったと思っている。地域の仲間と助け合い，共

4．おわりに―民生委員の姿を紹介して―　149

中野区民生児童委員

新1年生の下校見守り

民生児童委員のPR活動

高齢者訪問調査

関係部署との会議

部会での勉強会

外部講師を招いての講演会

図11-6　民生委員の活動

(中野区, 中野区民生児童委員協議会画像提供)

に活動することで，たくさんの笑顔が見られるからだ。ここが自分の居場所だと考える住民が暮らす町は素敵ではないか。こうした区域を担当する委員は果報者だと思う。図 11-6 は民生委員の活動の様子である。写真の中に，自分の将来の姿を見つけて下さる人がいることを願う。

引用文献

1）東京都福祉保健局生活福祉部地域福祉課編集：令和 4 年度版民生委員・児童委員の手引．東京都福祉保健局，2022.
2）全国民生委員児童委員連合会：結果概要「全国 1 万人への民生委員・児童委員に関する意識調査」（令和 4 年 3 月）．2022.
3）委嘱型ボランティア研究会：民生委員・児童委員の意識と活動に関するアンケート報告書［全体］．2022.

参考文献

石岡丈昇：エスノグラフィ入門，筑摩書房，2024.
伊波敏男：ハンセン病を生きて―きみたちに伝えたいこと，岩波書店，2007.
宇都宮咲子，竹田裕子，加藤真紀ほか：高齢民生委員が地域に暮らす高齢者を支援する体験．老年看護学，2023；28；72-79.
加川充浩：民生委員推薦準備会の機能と役割―地域社会・組織は民生委員をどう産み出しているのか．島根大学社会福祉論集，2024；9；1-17.
小松理佐子，吉武由彩，原田正樹ほか：民生委員活動を支える体制の現状―市町村民児協事務局アンケート調査結果―．日本の地域福祉，2022；35；107-117.
佐久間美穂：民生委員の新しい役割とコミュニティ．川村学園女子大学研究紀要，2017；28；141-152.
全国民生委員児童委員連合会編：民生委員・児童委員必携第 68 集，全国社会福祉協議会，2024.
全国民生委員児童委員連合会編：民生委員・児童委員必携第 67 集，全国社会福祉協議会，2023.
佐藤郁哉：フィールドワーク増訂版，新曜社，2006.
玉野和志：町内会―コミュニティからみる日本近代，筑摩書房，2024.
東京都民生児童委員連合会編：東京都民生委員・児童委員活動実績とその事例―第 40 集―．第 77 回東京都民生委員・児童委員大会資料，東京都民生児童委員連合会，2023.
中野区民生児童委員協議会編：令和 4 年度中野区民生児童委員事例報告・活動報告．中野区民生児童委員協議会，2023.
日本総合研究所：民生・児童委員の活動等の実態把握及び課題に関する調査・研究事業報告書．平成 24 年度セーフティネット支援対策等事業費補助金　社会福祉推進事業，2013.
松田博幸：ソーシャルワーカーはセルフヘルプ・グループから何を得ることができるのか？―自己エスノグラフィーの試み．社会問題研究，2010；59；31-42.

第12章

共生社会の光と影

江島　尚俊

1　共生社会の可能性と課題とは

　21世紀のグローバル社会において，多様な背景を持つ人々が共に生きる「共生社会」の実現は，喫緊の課題である。共生社会とは，単に異なる文化や価値観を持つ人々が共存するだけでなく，互いの違いを認め合い，尊重し，協力し合うことで，より豊かな社会を創造していくことを目指す社会であるといえるだろう。ただし，その実現には様々な課題が指摘されていることも事実である。そこで本稿では，共生社会の可能性と課題を多角的に考察し，その実現に向けた方向性を模索することを目的とする。

　共生社会の実現は，様々な可能性を秘めている。例えば，多文化共生は，地域経済の活性化や国際的な相互理解を促進する可能性を有している。また，障がい者や高齢者の社会参加促進は，労働力不足の解消や社会保障制度の持続可能性に貢献すると考えられる。さらに，性的マイノリティへの理解と包容は，多様な人材の活躍を促進し，社会全体の活力向上につながる可能性を秘めている。ほかにも，本書の第1章で取り上げられているように，インクルーシブ教育は障害の有無にかかわらず，誰もが共に学び，成長できる社会を目指す理念であるとともに，共生社会の実現に向けて不可欠な実践であるといえる。

　しかし，共生社会の実現には，克服すべき課題も少なくない。異なる文化や価値観を持つ人々の間では，摩擦や対立が生じやすい。また，障がい者や高齢者に対する差別や偏見，性的マイノリティへのヘイトスピーチなども，共生社会実現の大きな障壁となる。これらの課題を克服し，真の共生社会を実現するためには，社会全体の意識改革と制度的な整備が不可欠である。

　そこで本稿では，第2節「共生社会の光—共存から共栄へ—」において共生社会の「光」として，共存から共栄に向けた具体的な事例を検討する。多文化

共生による地域活性化，障がい者雇用による企業の成長，高齢者の社会参加による地域福祉の向上，LGBT[*1]+inclusiveness（LGBT+包容性）と経済発展の関係性について考察することで，共生社会がもたらす可能性を示す。

　一方，第3節「共生社会の影─潜在するリスクと課題─」では共生社会の「影」として，潜在するリスクと課題に焦点を当てる。文化摩擦，雇用における不平等，世代間対立，ヘイトスピーチと差別といった問題を取り上げ，共生社会実現における困難を明らかにする。これらの課題を直視することで，現実的な共生社会の構築に向けた議論をより深めることができるだろう。

　そして最終的に，第4節ではそれまでの議論を踏まえ，共生社会の未来に向けて，より具体的な提言を行う。共生社会の可能性と課題を総合的に分析することで，持続可能で包容的な社会の実現に向けた方向性を提示する。

　共生社会の可能性と課題を深く理解することは，21世紀のグローバル社会を生きる私たちにとって，極めて重要な課題であるといえるだろう。本稿が共生社会に関する議論を深め，その実現に向けた一助となることを期待する。

2 　共生社会の光─共存から共栄へ─

　共生社会は，異なる背景を持つ人々が手を取り合い，共に未来を創造していく，希望に満ちた社会の姿である。単なる共存を超え，互いの違いを尊重し，認め合い，高め合うことで，共栄という新たなステージへと進む。そこには，想像を超える可能性と輝かしい未来が待っている。

　本節では，共生社会がもたらす「光」に焦点を当て，共存から共栄への道を具体的に探っていく。多文化共生が地域にもたらす活気，障がい者雇用が企業の成長を促す力，高齢者の社会参加が地域福祉を向上させる力，そしてLGBT+ inclusiveness が経済発展につながる可能性。これらの事例を通して，共生社会が持つ潜在力と，私たちに開かれた明るい未来を考えてみたい。

＊1　LGBT：Lesbian（レズビアン，女性同性愛者），Gay（ゲイ，男性同性愛者），Bisexual（バイセクシュアル，両性愛者），Transgender（トランスジェンダー，性自認が出生時に割り当てられた性別とは異なる人）の頭文字をとった語。性的マイノリティを表す総称として用いられる。

1 多文化共生による地域活性化

　グローバル化が加速する現代において，多文化共生は地域社会の活性化に不可欠な要素となっている。異なる文化背景を持つ人々が互いに理解し合い，共存することで，地域社会に新たな活力と創造性が生まれる。具体的には，外国人住民の増加は，地域経済の活性化，国際交流の促進，地域文化の多様化などに貢献する。

　地域経済の活性化においては，外国人住民の消費活動による経済効果に加え，彼らが持つスキルや知識を活かした新たなビジネスの創出が期待される。例えば，外国人観光客誘致のための多言語対応サービスや，外国人住民を対象とした専門性の高いサービスなどがあげられる。また，外国人起業家による新規事業の設立も，地域経済に新たな活力を与える。

　国際交流の促進においては，外国人住民との交流を通して，地域住民の国際理解が深まり，異文化に対する寛容性が高まることが期待される。また，地域住民が外国語を学習する機会が増え，国際的なコミュニケーション能力の向上が見込まれる。さらに，外国人住民を介した海外とのネットワーク構築は，地域経済の国際化を促進する。

　地域文化の多様化においては，外国人住民の文化が地域社会に新たな視点や価値観をもたらし，地域文化の活性化につながる。例えば，外国人住民による伝統芸能の披露や，異文化理解を深めるためのイベント開催などがあげられる。また，外国人住民の食文化が地域に広まることで，食の多様化が進み，地域住民の食生活が豊かになる。

　多文化共生による地域活性化の成功事例としては，群馬県大泉町があげられる。同町では，外国人住民の積極的な受け入れと共生のための施策を推進することで，人口増加，税収増，雇用創出などの成果を上げている。具体的には，日本語教室の開催，外国人相談窓口の設置，多文化共生センターの設立など，外国人住民の生活支援に力を入れている。また，外国人住民と地域住民との交流イベントを積極的に開催することで，相互理解を深めている。これらの取り組みが，地域経済の活性化，国際交流の促進，地域文化の多様化につながり，大泉町は多文化共生による地域活性化の成功モデルとして注目されている[1]。

2　障がい者雇用による企業の成長

　障がい者雇用は，企業にとって単なる法的義務ではなく，企業の成長と発展に大きく貢献する可能性を秘めている。障がい者の雇用は，企業イメージの向上，従業員の意識改革，多様な視点の獲得，生産性向上など，様々なメリットをもたらす。

　企業イメージの向上は，障がい者雇用に対する積極的な姿勢を示すことで，企業の社会的な責任を果たしているという印象を与え，顧客や取引先からの信頼獲得につながる。また，障がい者雇用を促進する企業として，メディアに取り上げられる機会も増え，企業の知名度向上に貢献する。

　従業員の意識改革は，障がい者と働くことを通して，従業員の多様性に対する理解が深まり，相互理解と協力の精神が育まれる。また，障がいのある従業員への配慮やサポートを通して，従業員一人ひとりの人間的な成長を促し，より働きやすい職場環境の形成につながる。

　多様な視点の獲得は，障がいのある従業員だからこそもたらされる。健常者とは異なる視点や発想を持っている場合があり，企業の製品開発やサービス向上に新たなアイデアを提供する可能性がある。また，障がい者ならではの視点から，職場環境や業務プロセスにおける改善点を指摘することで，企業全体の効率化に貢献する。

　生産性向上は，障がいのある従業員が，それぞれの能力や特性を活かした業務に就くことで，高い集中力とモチベーションを発揮し，生産性の向上につながる。また，障がい者雇用を促進することで，人材不足の解消にもなり，企業全体の生産性向上に貢献する。

　障がい者雇用による企業成長の例としては，株式会社 LITALICO と日本理化学工業株式会社があげられる。LITALICO は，障がい者向けの就労支援事業を展開しており，障がい者の雇用を通して，企業の成長と社会貢献を両立させている[2]。また，チョーク製造会社である日本理化学工業は，従業員の約 7割が知的障がい者である。同社は障がい者雇用を積極的に推進することで，高い生産性と品質を維持し，世界的な企業へと成長を遂げている[3]。これらの事例は，障がい者雇用が企業の成長と発展に大きく貢献することを示している。

3 高齢者の社会参加による地域福祉の向上

　高齢化が急速に進む現代日本社会において，高齢者の社会参加は，地域福祉の向上に不可欠な要素である。高齢者が地域社会に積極的に参加することで，高齢者自身の健康増進，生きがいづくり，社会とのつながり維持などが促進されるだけでなく，地域全体の活性化にも大きく貢献する。

　高齢者の社会参加は，身体活動の増加，人との交流による精神的な刺激，役割意識の向上などを通して，健康寿命の延伸や介護予防につながる[4]。また，地域活動への参加やボランティア活動への従事を通して，高齢者自身の心理的な健康度を高めたり，死亡や障がいの発生率の抑制といった身体的健康を高めたりする効果が指摘されている[5]。さらに，高齢者が持つ豊富な経験や知識を地域社会に還元することで，地域全体の活性化や世代間交流の促進にも貢献する。

　高齢者の社会参加促進による地域福祉の向上の具体例としては，埼玉県熊谷市の「コミュニティカフェ」と，神奈川県横浜市の「シニアボランティア活動」があげられる。熊谷市では，高齢者が気軽に集い，交流できる場として，地域住民が運営する「コミュニティカフェ」を複数設置している[6]。これらのカフェは，高齢者の孤立防止，健康増進，地域交流促進などに貢献している。一方，横浜市では，高齢者の社会参加促進を目的とした「シニアボランティア活動」を推進している[7]。高齢者は，自身の経験や知識を活かし，地域の子どもたちの学習支援，環境美化活動，地域イベントの運営など，様々な活動に参加することで，地域社会に貢献している。

　これらの事例は，高齢者の社会参加が，高齢者自身のウェルビーイング（well-being）向上だけでなく，地域福祉の向上にも大きく貢献することを示している。高齢者が地域社会で活躍できる場を整備し，社会参加を促進することは，超高齢社会における重要な課題であるといえる。

4 LGBT＋ inclusiveness と経済発展

　LGBT＋ inclusiveness（LGBT＋包容性）は，単に人権擁護の観点から重要であるだけでなく，経済発展にも大きく寄与する。企業や社会が性的指向や

性自認の多様性を尊重し，LGBT＋の人々が能力を最大限に発揮できる環境を整備することは，労働力人口の拡大，生産性向上，イノベーション促進，企業イメージ向上などにつながり，経済活性化を促す。

LGBT＋の人々が差別や偏見なく働ける環境は，優秀な人材の確保につながり，労働力人口の拡大に貢献する[8]。また，LGBT＋当事者が安心して自分らしく働ける環境は，従業員のエンゲージメントやモチベーション向上になり，生産性向上に寄与する[9]。さらに，多様な視点や発想を持つLGBT＋の人材は，イノベーションを促進し，新たなビジネスチャンスを創出する可能性を秘めている[10]。そして，LGBT＋ inclusiveness を推進する企業は，多様性を重視する企業として，消費者や投資家から高く評価され，企業イメージ向上にもつながる。

LGBT＋ inclusiveness と経済発展の関係を示す具体例としては，アメリカの企業 Apple Inc. と日本の企業株式会社丸井グループがあげられる。Appleは，LGBT＋従業員に対する支援制度や社内啓発活動に積極的に取り組んでおり，LGBT＋平等指数で満点を獲得している[11]。同社は，LGBT＋ inclusiveness を推進することで，多様な人材の確保，従業員満足度向上，企業ブランド力強化などに成功している。また，丸井グループは，同性パートナーシップ制度を導入し，LGBT＋従業員が安心して働ける環境を整備している[12]。同社は，LGBT＋ inclusiveness を推進することで，従業員のエンゲージメント向上，顧客満足度向上，企業価値向上などにつなげている。

これらの事例は，LGBT＋ inclusiveness が企業の成長だけでなく，経済全体の活性化にも大きく貢献することを示している。LGBT＋ inclusiveness を推進することは，持続可能な社会を実現するための重要な取り組みといえるだろう。

3 共生社会の影―潜在するリスクと課題―

共生社会は，理想的な社会の姿であり，誰もが望む未来である。しかし，その道のりは平坦ではなく，様々な困難とリスクが潜んでいる。本節では，共生社会が抱える「影」の部分に目を向け，そこでの課題を明らかにする。

文化摩擦は，異なる文化背景を持つ人々が共に暮らす中で生じる，避けられない課題である。ヨーロッパにおける移民問題や，日本における外国人観光客とのトラブルは，文化摩擦が社会に深刻な影響を与えることを示す具体例といえよう。

雇用における平等は，共生社会の実現に不可欠な要素である。しかし，障がい者雇用における逆差別問題や，外国人労働者受け入れによる国内労働市場への影響など，雇用の平等を目指した結果として，新たな不平等が生じる可能性もはらんでいる。

世代間対立は，共生社会の実現を妨げる大きな対立といえる。社会保障制度をめぐる対立や，若年層の雇用問題は，世代間の格差や不公平感を生み出し，社会の分断を招く可能性がある。

ヘイトスピーチと差別は，共生社会の根幹を揺るがす深刻な問題である。移民排斥を訴えるヘイトスピーチや，性的マイノリティに対する差別は，人々の尊厳を傷つけ，社会の安定を脅かす。

これらの課題を克服し，真の共生社会を実現するためには，相互理解と寛容性，多様性を尊重する社会制度，そして社会参加促進と地域共生といった視点が重要となる。

1 文化摩擦

共生社会の実現は，多様な文化背景を持つ人々が共に暮らす社会を目指すものであり，理想的な社会の姿といえるだろう。しかし，現実には，共生社会を目指した結果として，文化摩擦が生じ，社会問題に発展するケースも少なくない。文化摩擦は，価値観，生活習慣，宗教観などの違いから生じる誤解や衝突であり，深刻な社会問題に発展する可能性もはらんでおり，文化摩擦は，個人間の対立だけでなく，地域コミュニティや国家間の紛争にまで発展する可能性があり，共生社会における大きな障壁となる。

共生社会を目指したことで顕在化した文化摩擦の具体例としては，ヨーロッパにおける移民問題と，日本における外国人観光客とのトラブルがあげられる。ヨーロッパでは，移民の増加に伴い，文化や宗教の違いから，地域住民との摩擦が生じている。例えば，フランスでは，イスラム教徒の女性が着用する

ブルカを公共の場で禁止する法律が制定されたが，これはイスラム教徒の文化に対する理解不足や偏見に基づくものとして，大きな批判を招いた[13]。また，ドイツでは，移民の増加に伴い，移民排斥を訴える右翼政党が台頭し，移民に対する差別や暴力事件が発生している[14]。これらの事例は，文化摩擦が社会に深刻な影響を与えることを示している。

　一方，日本では，外国人観光客の増加に伴い，文化や習慣の違いから，地域住民とのトラブルが発生している。例えば，観光客のマナー違反や騒音問題，ごみ問題などがあげられる[15]。また，外国人観光客と地域住民との間で，コミュニケーション不足や誤解が生じるケースも少なくない。これらの問題は，地域住民の外国人観光客に対する不満を高め，共生社会の実現を阻害する要因となっている。

　文化摩擦を克服し，真の共生社会を実現するためには，相互理解，寛容性，多様性受容などが重要となる。異文化理解教育や国際交流を通して，異なる文化に対する理解を深め，偏見やステレオタイプを解消することが必要である。

2 雇用平等における影

　共生社会の実現は，多様な人々が共に働き，共に生きる社会を目指すものであり，その実現には雇用における平等が不可欠である。しかし，現実には，共生社会を目指し，雇用の平等を実現しようとした結果として，思わぬデメリットや不利益が生じてしまうケースも少なくない。これは，制度設計や運用上の問題点，あるいは社会全体の意識改革の遅れなど，様々な要因が複雑に絡み合って生じる現象である。

　共生社会を目指したことで顕在化した雇用平等における影の具体例としては，障がい者雇用における逆差別問題と，外国人労働者受け入れによる国内労働市場への影響があげられる。障がい者雇用においては，雇用率の達成を義務づける法律がある一方で，企業によっては，達成目標を満たすためだけに障がい者を雇用し，適切な業務やサポート体制を提供できていないケースもある[16]。これは，障がい者にとって働きにくい環境を生み出し，離職率増加や労働意欲の低下につながる可能性がある。また，このような状況下では，障がい者自身も「自分は能力ではなく，法定雇用率達成のために雇われた」と感じ

てしまい，自己肯定感の低下や，周囲との軋轢を生む可能性もはらんでいる。

　一方，外国人労働者の受け入れ拡大は，労働力不足の解消に貢献する一方で，国内労働市場に一定の影響を与える可能性がある。例えば，一部の業種では，外国人労働者の賃金が日本人労働者よりも低く抑えられているケースがあり，日本人労働者の賃金水準低下を招く可能性が懸念されている[17]。また，外国人労働者の増加は，労働市場における競争激化につながり，日本人労働者の雇用機会が奪われる可能性も懸念されている。

　雇用における平等を実現するためには，法律や制度の整備だけでなく，企業の意識改革や社会全体の理解促進が不可欠である。多様な人々が共に働き，共に生きる社会を実現するためには，一人ひとりの能力や個性を尊重し，誰もが働きがいを感じられる環境を構築していく必要がある。

3 世代間対立

　共生社会は，年齢や世代を超えて，すべての人が互いに尊重し合い，支え合う社会を理想とする。しかし，現実には，共生社会を目指した政策や社会の変化が，かえって世代間対立を深めてしまうという皮肉な結果をもたらす場合もある[18]。これは，限られた資源や機会を世代間でどのように分配するかという問題や，価値観やライフスタイルの世代間ギャップ，社会構造の変化などが複雑に絡み合い，対立を生み出すためである。

　共生社会を目指したことで顕在化した世代間対立の具体例としては，社会保障制度をめぐる対立と，若年層の雇用問題があげられる。高齢化社会の進展に伴い，社会保障費の増大は避けられない状況となっている。しかし，その負担を現役世代に大きく依存する現状は，若年層の社会保障制度に対する不満を高め，世代間対立を招く[19]。特に，家族としか交流のない就職氷河期世代の孤立無業者（SNEP）の存在は，現在では「7040」問題，ゆくゆくは「8050」問題*2へと推移していく可能性が指摘されている。年金制度の持続可能性に対

＊2　「7040」問題，「8050」問題：ひきこもりの長期化によって起こる社会問題を指す。両者ともに高齢の親が中高年のひきこもりの子どもの生活を支えている状態を指すが，前者は70歳代の親が40歳代の子どもの生活を支えている状態，後者は80歳代の親が50歳代の子どもの生活を支えている状態を意味する。

する不安や，将来世代への負担増に対する懸念は，若年層の将来不安を増大させ，高齢者世代への反発を強める要因となっている。

　また，若年層の雇用問題は，世代間対立をさらに深刻化させている。非正規雇用の増加や，若年層の貧困問題などは，将来世代の経済的な不安定さを招き，社会保障制度への不信感を増幅させている[20]。若年層は，自分たちの世代が社会保障制度の恩恵を受けられないのではないかという不安を抱え，高齢者世代への不公平感を募らせている。

　世代間対立を解消し，真の共生社会を実現するためには，世代間の相互理解と協力が不可欠である。社会保障制度の持続可能性確保，若年層の雇用環境改善，世代間交流の促進など，多角的な取り組みを通して，世代を超えた共生社会を構築していく必要がある。

4　ヘイトスピーチと差別

　共生社会は，人種，民族，国籍，宗教，性的指向など，あらゆる違いを認め合い，互いに尊重し合う社会を目指す。しかし皮肉なことに，共生社会の実現に向けた動きが，ヘイトスピーチや差別を助長してしまうという負の側面も存在する[21]。これは，多様な価値観や文化が共存する社会において，互いの違いに対する理解不足や偏見，そして排他的な思想の台頭などが要因となり，ヘイトスピーチや差別が生まれてしまうためである。

　共生社会を目指したことで顕在化したヘイトスピーチと差別の具体例としては，移民排斥を訴えるヘイトスピーチの増加と，性的マイノリティに対する差別的な言動の増加があげられる。ヨーロッパ諸国では，移民の増加に伴い，移民排斥を訴えるヘイトスピーチが深刻化している[22]。これらのヘイトスピーチは，移民に対する差別意識や偏見を煽り，社会不安や排他的な風潮を助長する。また，インターネットの普及により，ヘイトスピーチは国境を越えて拡散し，国際的な問題にも発展している。

　一方，日本では，性的マイノリティに対する差別的な言動が依然として根強く残っているとされる。共生社会の実現に向けて，性的マイノリティに対する理解を深めるための取り組みが進められている一方で，性的マイノリティに対する差別的な発言や偏見は，インターネット上や日常生活の中で頻繁に目にす

ることができる。これらの差別的な言動は，性的マイノリティの人々の人権を侵害し，社会参加を阻害する要因となっている。

ヘイトスピーチと差別を克服し，真の共生社会を実現するためには，人権教育の充実，法整備，社会全体の意識改革など，多角的な取り組みが必要となる。違いを認め合い，互いに尊重し合う社会を実現するためには，一人ひとりが差別や偏見をなくし，多様性を尊重する意識を持つことが重要である。

4 結論─共生社会の未来に向けて─

これまで見てきたように，共生社会は，多様な人々が共に生き，互いに尊重し合い，支え合う社会である。共生社会の実現は，すべての人々にとってより良い社会を築くための重要な目標といえるだろう。しかし，共生社会の実現には，様々な課題が存在することも明らかになった。文化摩擦，雇用における不平等，世代間対立，ヘイトスピーチと差別など，共生社会の影の部分を克服し，真の共生社会を実現するためには，どのような視点が必要となるのだろうか。

本稿では，共生社会の実現のために必要な視点として，以下の3点を提案する。

・相互理解と寛容性の醸成

異なる文化背景を持つ人々が共に生きるためには，互いの文化や価値観を理解し，尊重し合うことが不可欠である。異文化理解教育や国際交流の推進，多様な文化に触れる機会の提供などを通して，相互理解と寛容性を育む必要がある。

・多様性を尊重する社会制度の構築

共生社会を実現するためには，すべての人が平等に機会を得ることができ，能力を最大限に発揮できるような社会制度を構築する必要がある。差別を禁止する法律の整備，積極的改善措置の導入，合理的配慮の提供など，多様性を尊重する社会制度を整備することで，すべての人が社会参加できる環境を構築する必要がある。

・社会参加促進と地域共生

共生社会は，地域社会においてこそ実現される。高齢者，障がい者，外国人

など，すべての人が地域社会に積極的に参加し，地域の一員として活躍できるような環境を整備する必要がある。地域共生社会の実現に向けて，地域住民同士の交流促進，ボランティア活動の推進，多世代交流の場の提供など，地域における共生を促進するための取り組みが重要となる。

　共生社会の実現は，一朝一夕に達成できるものではない。しかし，一人ひとりが共生社会の重要性を認識し，それぞれの立場でできることを実践していくことで，より良い社会を築いていくことができると信じる。

引用文献

1) 大泉町役場：多文化共生. http://www.oizumi-tabunka.jp/（2024年10月27日アクセス）
2) LITALICO. https://litalico.co.jp/（2024年10月27日アクセス）
3) 日本理化学工業：会社概要. https://rikagaku.co.jp/pages/aboutus（2024年10月27日アクセス）
4) 村田ひろ子：高齢者の社会参加と健康. 老年社会科学，1999；21；113-122.
5) 藤原佳典，杉原陽子，新開省二：ボランティア活動が高齢者の心身の健康に及ぼす影響―地域保健福祉における高齢者ボランティアの意義―. 日本公衆衛生雑誌，2005；52；302-303.
6) 熊谷市：高齢者支援. https://www.city.kumagaya.lg.jp/kenkouhukushi/koureisya/shien/index.html（2024年10月27日アクセス）
7) 横浜市：よこはまシニアボランティアポイント事業. https://www.city.yokohama.lg.jp/kenko-iryo-fukushi/fukushi-kaigo/koreisha-kaigo/kaigoyobo-kenkouduku-ri-ikigai/ikigai-shakaisanka/volunteer.html（2024年10月27日アクセス）
8) Lee Badgett, M. V.：The Economic Case for LGBT Equality：Why Fair and Equal Treatment Benefits Us All. Beacon Press, 2020, pp. 35-52.
9) Klawitter, M. M.：The Effects of LGBT-Supportive Corporate Policies on Labor Productivity. ILR Review, 2015；68；148-171.
10) Hewlett, S. A., Marshall, M., Sherbin, L.：How Diversity Can Drive Innovation. Harvard Business Review, 2013, December.
11) Human Rights Campaign. https://www.hrc.org/（2024年10月27日アクセス）
12) 丸井グループ：お客さまのダイバーシティ＆インクルージョン. https://www.0101maruigroup.co.jp/sustainability/theme01/（2024年10月27日アクセス）
13) Bowen, JR.：Why the French Don't Like Headscarves：Islam, the State, and Public Space. Princeton University Press, 2007, pp.215-238.
14) Mudde, C.：The Far Right Today, Polity, 2019, pp.85-105.
15) 観光庁：訪日外国人旅行者の受入環境に関する調査を実施しました. https://www.mlit.go.jp/kankocho/news08_00004.html（2024年10月27日アクセス）

16) 高齢・障害・求職者雇用支援機構：高齢・障害・求職者雇用支援機構における障害者の雇用状況について．https://www.jeed.go.jp/jeed/disclosure/law/jeed/org02.html（2024 年 10 月 27 日アクセス）

17) 厚生労働省：「外国人雇用状況」の届出状況まとめ（令和 5 年 10 月末時点）．https://www.mhlw.go.jp/stf/newpage_37084.html（2024 年 10 月 27 日アクセス）

18) 武川正吾：世代間対立の構図と課題．社会学年報，2010；39；1-14.

19) 八代尚宏，島澤諭，豊田奈穂：社会保障制度を通じた世代間利害対立の克服―シルバー民主主義を超えて―．NIRA モノグラフシリーズ，2012；34；3-5.

20) 玄田有史：就職氷河期とその前後の世代について―雇用・賃金等の動向に関する比較―．社会科学研究，2024；75；30.

21) 師岡康子：ヘイト・スピーチとは何か，岩波書店，2013，pp.20-35.

22) 国連人権高等弁務官事務所．https://www.ohchr.org/en/ohchr_homepage（2024 年 10 月 27 日アクセス）

付　録：サラマンカ声明

特別なニーズ教育における原則，政策，実践に関するサラマンカ声明
　「特別なニーズ教育に関する世界会議：アクセスと質」（ユネスコ・スペイン政府共催，1994 年）において採択

　1948 年の世界人権宣言に示された，あらゆる個人の教育を受ける権利を再確認し，また，個人差に関わりなく，万人のための教育を受ける権利を保障するための，1990年の「万人のための教育に関する世界会議（World Conference on Education for All）」で世界の地域社会によってなされた誓約を繰り返し，障害をもつ人びとの教育が，教育組織全体の不可欠な一部であることを保障するよう加盟各国に求めた，国連による1993 年の「障害をもつ人びとの機会均等化に関する基準原則（Standard Rules on the Equalization of Opportunities for Presons with Disabilities）」にその到達点が示されたいくつかの国連諸宣言を想起し，特別なニーズをもつ人びとの大多数にとって，いまだ到達していない教育へのアクセス改善を追求することへの各国政府，擁護グループ，地域社会や両親グループ，とりわけ障害をもつ人びとの団体の関与の増大を満足の念をもって留意し，また，この世界会議において数多くの政府，専門機関，政府間組織の高レベルの代表たちの積極的参加を，この関与の証拠として認識し，92 か国の政府と 25 の国際組織を代表し，1994 年 6 月 7 日から 10 日にかけ，ここスペインのサラマンカに集まった「特別なニーズ教育に関する世界会議」の代表者であるわれわれは，特別な教育的ニーズをもつ児童・青年・成人に対し通常の教育システム内での教育を提供する必要性と緊急性を認識し，さらに，各国政府や組織がその規定や勧告の精神によって導かれるであろう，「特別なニーズ教育に関する行動の枠組み」を承認し，万人のための教育へのわれわれのコミットメントを再確認する。

われわれは以下を信じ，かつ宣言する。

- ・　すべての子どもは誰であれ，教育を受ける基本的権利をもち，また，受容できる学習レベルに到達し，かつ維持する機会が与えられなければならず，
- ・　すべての子どもは，ユニークな特性，関心，能力および学習のニーズをもっており，
- ・　教育システムはきわめて多様なこうした特性やニーズを考慮にいれて計画・立案され，教育計画が実施されなければならず，
- ・　特別な教育的ニーズをもつ子どもたちは，彼らのニーズに合致できる児童中心の教育学の枠内で調整する，通常の学校にアクセスしなければならず，

166　付録：サラマンカ声明

・　このインクルーシブ志向をもつ通常の学校こそ，差別的態度と戦い，すべての人を喜んで受け入れる地域社会をつくり上げ，インクルーシブ社会を築き上げ，万人のための教育を達成する最も効果的な手段であり，さらにそれらは，大多数の子どもたちに効果的な教育を提供し，全教育システムの効率を高め，ついには費用対効果の高いものとする。

われわれはすべての政府に以下を要求し，勧告する。

・　個人差もしくは個別の困難さがあろうと，すべての子どもたちを含めることを可能にするよう教育システムを改善することに，高度の政治的・予算的優先性を与えること，

・　別のようにおこなうといった競合する理由がないかぎり，通常の学校内にすべての子どもたちを受け入れるという，インクルーシブ教育の原則を法的問題もしくは政治的問題として取り上げること，

・　デモンストレーション・プロジェクトを開発し，また，インクルーシブ教育に関して経験をもっている国々との情報交換を奨励すること，

・　特別な教育的ニーズをもつ児童・成人に対する教育設備を計画・立案し，モニターし，評価するための地方分権化された参加型の機構を確立すること，

・　特別な教育的ニーズに対する準備に関する計画・立案や決定過程に，障害をもつ人びとの両親，地域社会，団体の参加を奨励し，促進すること，

・　インクルーシブ教育の職業的側面におけると同じく，早期認定や教育的働きかけの方略に，より大きな努力を傾注すること，

・　システムを変えるさい，就任前や就任後の研修を含め教師教育計画は，インクルーシブ校内における特別なニーズ教育の準備を取り扱うことを保障すること。

われわれはまた，国際社会にとりわけ以下のことを要求する。

・　各国政府は，国際協力計画や国際的基金機関とりわけ万人のための教育に関する世界会議のスポンサーたちであるユネスコ，ユニセフ，国連開発計画ならびに世界銀行と共に，
－インクルーシブ教育のアプローチを承認し，すべての教育計画の不可欠な一部として特別なニーズ教育の開発を支援すること，
－国連およびその専門機関とりわけ ILO，WHO，ユネスコおよびユニセフは，
－特別なニーズ教育の拡大され，統合された準備への，より効果的な支援のための協力とネットワークを強化するのと同じく，技術協力のための入力を強化すること，

・　国の計画立案とサービス提供に関与する非政府組織は，
－公的国家機関との提携を強化することおよび，特別な教育的ニーズに対するイン

クルーシブ準備の立案・実施・評価への増大しつつある関与を強めること，

・　国連の教育のための機関であるユネスコは，

－さまざまなフォーラムにおいて，特別なニーズ教育が万人のための教育を扱うあらゆる討議の一部となるよう保障すること，

－特別な教育的ニーズに対する準備に関し，教師教育を高めることに関連する問題に，教員組織の支持を取りつけること，

－研究とネットワークを強化し，情報や報告の地域センター－これはまた，こうした活動やこの声明の履行にあたり国家レベルで達成された特定の結果や進歩を普及させるための情報センターとして役立つ－を確立するため，学術界を刺激すること，

－中間プラン第2段階（1996－2002年）の内に，情報普及のための新しいアプローチを示す試行プロジェクトの着手を可能にする，インクルーシブ校に対する拡大された計画および地域支援計画の創造を通しての基金の動員を図ること，ならびに，特別なニーズ教育の準備必要性に関する指標を開発すること。

　最後にわれわれは，この会議を組織したことに対しスペイン政府とユネスコに心からの感謝の念を表明し，また，この声明と付随する行動のための枠組みを世界的に，とりわけ世界社会開発サミット（World Summit for Social Development）（コペンハーゲン，1995年）および世界女性会議（World Conference on Woman）（北京，1995年）のような重要なフォーラムで関心を払われるようにするあらゆる努力をおこなうことを要請する。

出典）国立特別支援教育総合研究所旧ホームページより
　　　https://www.nise.go.jp/blog/2000/05/bl_h060600_01.html

索　引

|あ|

アンドラゴジー　57

|い|

イタリアのインクルーシブ教育　3
5つの巨人悪　111
移民問題　157
医療的ケア　25
医療的ケア児　25
医療的ケア児の保育所での生活　27
いわき市　101,102,104,109
インクルーシブ・カレッジ　73,77,80
インクルーシブ教育
　　　　　　　1,3,8,10,40,70,71
インクルーシブ教育実践校　4
インクルーシブな教育実践　40,42,50
インクルーシブ保育　1
インクルージョン　40,128
インテグレーション　41

|う|

卜部たみ　19

|え|

SDGs　69,72,75
エリクソン　48
LGBT＋inclusiveness（LGBT＋包容性）
　　　　　　　　　　　　152,155
園芸福祉　79,83

園芸療法　79,83

|か|

外国人観光客とのトラブル　157
学習サイクル　59
学習の4つの柱（ユネスコ）　67
学校教育　56,60
学校教育法　71,72
学校巡回相談　89
環境基本法　76
環境のバリアフリー　69
環境福祉　77
環境保全　75,76
環境保全型農業　76

|き|

企業や自治体の取り組み（バリアフリー）
　　　　　　　　　　　　　　70
教育基本法　71
共生（定義）　69
共生社会　69,125,127,151
共生社会の原理　130
共生社会の実現
　　　　　2,13,70,75,80,151,161
共生の本質　125
共通善　75
共同注視　17

|く|

グリーンインフラ　76

クリーンエネルギー　76

｜こ｜

更生保護法　116,118,119
公認心理師　97
高齢者の社会参加　155
国連障害者の権利委員会　2,41,72
心の授業　88
心のバリアフリー　69
子どものメンタルヘルス支援事業推進室
　　86,87
子ども理解　45,48,49,50
個別支援計画　27
コミュニティガーデン　79
コミュニティソーシャルワーク　133
雇用平等　158

｜さ｜

再犯者　114
再犯の防止等の推進に関する法律
　　115
相模原市社会福祉協議会　133
サラマンカ声明　41,72

｜し｜

識字教育（ネパール）　64
自主夜間中学　62
自然体験　78
持続可能な開発目標　69
社会教育　54
社会教育活動　54,66
社会教育士　66
社会モデルによる障害と社会の関係
　　42
障碍　45

障がい者雇用　154
障害者の権利に関する条約　2,72,128
障害者の生涯学習の推進方策について
　　（文部科学省通知）　73
障害のある子どもの保育　45,46
障害の発生メカニズム　43
自立準備ホーム　123
森林療法　78

｜す｜

ストレスマネージメント　88

｜せ｜

成人教育　55,56,60
成人教育学　57
成人教育活動　60
世代間対立　159
センス・オブ・ワンダー　15,23

｜そ｜

ソーシャルワーク　125
ソーシャルワーク専門職　126,135

｜た｜

大学の社会貢献　70
多文化共生　153

｜ち｜

地（知）の拠点整備事業　71
地域活性化　153
地域共生社会　127,131,162
地域共生社会の推進　69
地域コミュニティ　97
沈黙の春　15

|つ|

通常学級保障　6
津守真　44

|と|

東京府女子師範学校附属幼稚園　19
統合教育　1,41
特別支援教育　72
特別な教育的ニーズ　72
トラウマケア　95

|な|

7040 問題　159

|に|

ニィリエ　129
日本ソーシャルワーカー連盟　125
認識の客観性　48

|ね|

ネパール　64

|の|

ノーマライゼーション　128
ノールズ　58

|は|

8050 問題　159
発達障がい　91,94
発達障がい（児・者への）支援　95,97
バリアフリー　70
バンク - ミケルセン　128
犯罪の状況　112
犯罪被害者　121

犯罪被害者支援　122
万人のための教育（学校）　41,71

|ひ|

東日本大震災　86,99

|ふ|

フィンランドのインクルーシブ教育　3
福島第一原発　86,100,101
文化摩擦　157

|へ|

ペアレント・トレーニング　91
ペアレント・プログラム　90
ヘイトスピーチ　160
ペダゴジー　58

|ほ|

保育実践（医療的ケア児）　31
保育所等において保育士等が行うことが
　できる医療的ケア　25
包摂的かつ公正な質の高い教育　72
暴力団排除条例　117
ホーリズム　12,16
保護観察官　119
保護司　119
ホリスティック　12
ホリスティック教育　13
ホリスティックな保育　15,19,23
ボルノウ　46

|ま|

学びのユニバーサルデザイン　74

|み|

南桜塚小学校　5,10
民生委員　139
民生委員・児童委員の手引　145
民生委員児童委員手帳　144
民生委員法　141,146
民生委員児童委員協議会　147
民生児童委員証　143

|め|

メンタルヘルス　86,87,96

|も|

森のようちえん　17

|や|

夜間中学　62

|れ|

レイチェル・カーソン　15,75

【編著者】　　　　　　　　　　　　　　　　　　　　　　　　　　　　（執筆分担）

小山　　望　　田園調布学園大学人間福祉学部共生社会学科　　教授　　第1章

江島　尚俊　　田園調布学園大学人間福祉学部共生社会学科　准教授　　第12章

【著　者】（執筆順）

生田久美子　　田園調布学園大学　教授・学長　　　　　　　　　　　　序文

清水　道代　　田園調布学園大学子ども未来学部子ども未来学科＊教授　第2章

岩本　圭子　　田園調布学園大学子ども未来学部子ども未来学科＊准教授　第3章

吉國　陽一　　田園調布学園大学子ども未来学部子ども未来学科＊准教授　第4章

長岡智寿子　　田園調布学園大学人間科学部心理学科　准教授　　　　　第5章

和　秀俊　　　田園調布学園大学人間福祉学部社会福祉学科　教授　　　第6章

武山　梅乗　　田園調布学園大学人間福祉学部共生社会学科　准教授　　コラム

黒田　美保　　田園調布学園大学人間科学部心理学科　教授　　　　　　第7章

篠原　拓也　　愛知教育大学教育学部福祉講座　講師　　　　　　　　　第8章

長谷川洋昭　　田園調布学園大学子ども未来学部子ども未来学科＊教授　第9章

隅河内　司　　田園調布学園大学人間福祉学部社会福祉学科　教授　　　第10章

藤原　亮一　　田園調布学園大学人間福祉学部共生社会学科　教授　　　第11章

＊2025（令和7）年度より子ども教育学部子ども教育学科に改組

本書は，令和 6 年度田園調布学園大学出版助成を受けて刊行した。

共生を考える

2025年（令和 7 年） 3 月10日　初 版 発 行

編著者　　小　山　　　望

　　　　　江　島　尚　俊

発行者　　筑　紫　和　男

発行所　　株式会社 建 帛 社
　　　　　　　　 KENPAKUSHA

〒112-0011　東京都文京区千石 4 丁目 2 番15号
　　　　　　T E L （03）3944-2611
　　　　　　F A X （03）3946-4377
　　　　　　https://www.kenpakusha.co.jp/

ISBN 978-4-7679-6523-9　C3036　　　　　　　新協／田部井手帳
©小山望・江島尚俊ほか，2025.　　　　　　　Printed in Japan
（定価はカバーに表示してあります）

本書の複製権・翻訳権・上映権・公衆送信権等は株式会社建帛社が保有します。
JCOPY〈出版者著作権管理機構 委託出版物〉
本書の無断複製は著作権法上での例外を除き禁じられています。複製される
場合は，そのつど事前に，出版者著作権管理機構（TEL 03-5244-5088,
FAX 03-5244-5089，e-mail：info@jcopy.or.jp）の許諾を得て下さい。